El jardín de los fantasmas infinitos

El jardín de los fantasmas infinitos

Antonio Jiménez Ariza

Barcelona - Madrid

©Antonio Jiménez Ariza, 1999
©EGALES. Editorial Gay - Lesbiana, s.c.p. 1999
  c/ Cervantes, 2 - 08002 Barcelona
  c/ Gravina, 11 - 28004 Madrid

Queda rigurosamente prohibida, sin la autorización escrita de los titulares del «Copyright», bajo las sanciones establecidas en las leyes, la reproducción parcial o total de esta obra por cualquier medio o procedimiento, comprendidos la reprografía y el tratamiento informático y la distribución de ejemplares de ella mediante alquiler o préstamo públicos.

ISBN: 84-95346-02-8
Depósito Legal: B - 44682 - 1999
©Fotografía portada: John Dugdale
Diseño gráfico de cubierta e interiores:
  Miguel Arrabal y José Fernández
Imprime: EDIM, S.C.C.L.
  c/ Badajoz, 145 - 08018 Barcelona

*Para Germán Casares,
por sus sabios consejos y su desinteresado amor...*

LA MEMORIA

Para pedro menor, por aquellos días...

Cuando la Nada inventa lo Infinito.

«Las manzanas de cera del frutero de mimbre
me amargan la garganta cuando pienso
que así vengo de piel. Y hasta la higuera
de cera me parece y cera la gaviota
que cruzara aterida sobre las plataneras.
Y este musgo de penas se me arriba a la boca.
La sonrisa de luto. Y tu ausencia
continúa incrustándose en mi frente.»

Donina Romero Hernández.

CÓRDOBA, 1.95...

Del Sur me llegan colores y olores que no he encontrado en ninguna parte, y gotas de lluvia que los campesinos reciben como una bendición y que nosotros disfrutábamos en los charcos de las calles. Aquella lluvia, aunque igual, siempre era distinta a nuestros ojos. No era la misma lluvia la de una noche de diciembre que la de una tarde de febrero. Con la primera, el sueño se cogía pronto, después de haber estado sentado a la mesa del comedor, en torno al brasero, viendo cómo mamá retiraba los platos de la mesa y se perdía durante horas en la cocina; papá preparaba costillas para la caza de gorriones del día siguiente; mis hermanas hacían punto o se afanaban en sus bordados, preparando el ajuar y caminando a ciegas hacia una meta a la que estaban predestinadas; y yo leía o escribía lo que me había pasado durante la mañana, aquellos incidentes con los amigos, con los profesores, que yo magnificaba como en los cuentos...

La lluvia de febrero era distinta: era una lluvia a ráfagas, precedida o seguida de un sol radiante, y era entonces el momento de salir a la calle y de meternos en los charcos, o bien alejarnos un poco a las afueras del pueblo en busca de alúas. No fallaba. Sabíamos que después de una mañana de lluvia las alúas salían en busca del sol como lagartos, y entonces nosotros las cogíamos y las metíamos en los tarros que mamá empleaba para la mermelada. Con aquellos insectos hacíamos de todo, pero mejor suerte corrían aquellos que caían en el olvido y morían asfixiados en los tarros.

Pero hay más. La lluvia de diciembre era la lluvia del reposo, de la tranquilidad, cuando no importaba si no salías a la calle o si mamá te regañaba injustamente. Era una lluvia con dedos alargados que golpeaban musicalmente los tejados de las casas, cuya melodía se filtraba por los canalones y se resistía a caer, colgada de los aleros. La lluvia de febrero era una lluvia distinta, aunque a nosotros nos mojara igualmente los cabellos y las mujeres sacasen con ahínco sus plantas a los patios. Era una lluvia amiga que nos permitía disfrutar con ella el milagro de la vida, que nos mostraba los campos repletos de juventud, que nos decía, oportunamente, como ese golpe en el hombro del amigo, ánimo, muchacho, pronto explotarás de vida, la primavera se encargará de que tu cuerpo renazca y olvides las noches frías del invierno y esas pesadas ropas que nada te favorecen.

Y, efectivamente, la primavera hacía milagros. No sólo cambiábamos de ropa, sino que también nosotros éramos distintos. Estábamos repletos de vida, rebosábamos vida. Por eso, cuando los cables se nos cruzaban y creíamos caer en la tranquilidad absurda del invierno, bastaba con recordar la lluvia de febrero y el milagro que la primavera siempre nos hace.

Y así estuvimos muchos años, columpiándonos en la mecedora de las lluvias, hasta que un día alguien nos reveló un secreto y perdimos la emoción por los años chicos...

Dicen que cada uno de nosotros es al menos dos personas. Hay alguien que comparte el habitáculo de nuestro cuerpo y que un día acaba rebelándose cuando no se le da la oportunidad de manifestarse.

De pequeño destaqué por mi caligrafía pulcra y mi orden y limpieza en los cuadernos. Era un niño regordete como todos, que acudió por primera vez a la escuela fascinado por la magia de la maestra y el secreto de las cartillas. Aquella mujer delgada y con gafas, que nosotros creíamos que surgía de la nada, era como una especie de prestidigitador que hacía las cosas más difíciles y lo sabía todo. No había dibujo que se le resistiera ni pregunta indiscreta para la que ella no tuviera respuesta. Nosotros queríamos saberlo todo, así, en un día, pero lo que más nos gustaba era que nos hablase de ella misma, de sus padres, de sus hermanos, de cómo era su pueblo, de cuántos años tenía y de si pensaba o no en casarse. Ella respondía siempre gustosa a todas nuestras preguntas, pero de algunas respuestas no nos enterábamos, porque se quedaba un rato callada y luego respondía con palabras raras que no comprendíamos.

Un día, a la salida de la escuela, vino un hombre a buscarla, y él la besó y ella lo besó a él también, y juntos se marcharon en un coche. Desde aquella tarde las cosas fueron distintas. Ya nadie le hacía preguntas y ella, como si se diese cuenta de que algo nos pasaba, intentaba mostrarse más alegre y simpática con nosotros, pero sólo algunos chicos le seguían la corriente. Los demás, entre los que yo me encontraba, no queríamos hablar con ella, ni siquiera mirarla a la cara, pues la veíamos siempre besando a aquel hombre, que no nos caía simpático. Por fin llegó el final de curso, y, aunque todos estábamos deseando irnos, permanecimos aún un rato más en el patio, esperándola. Ella ya se había despedido de nosotros y nos había dado a cada uno un par de besitos en las mejillas, pero nosotros queríamos verla salir a la calle, y verla andar, y ver cómo se montaba en su coche y lo conducía. Y, cuando por fin lo hizo, descubrimos que aún seguía teniendo magia y que lo del hombre y el beso, en el fondo, no nos importaba.

El recuerdo de aquella maestra me acompañó durante muchos años como un bonito sueño, del que echamos mano cuando las cosas no marchan.

Hoy he visto tu sombra, que no tu cuerpo, por alguna esquina de la ciudad, y anduve tras ella entre tembloroso y fatigado por la alegría y el miedo a encontrarte. He dicho que vi tu sombra, que no tu cuerpo, por alguna esquina de la ciudad, y acaso ni siquiera fueras tú, o acaso sí lo fueras, pero sólo en mi mente.

Porque es en mi mente, en la memoria, donde se forma la única realidad posible.

Luego vinieron los años en la escuela primaria, tres largos e interminables años con un maestro cojo con aire muy serio que nunca nos sonreía. Seguía siendo un buen estudiante y, aunque no sacaba excelentes notas, mis padres se complacían. Aprendí a sumar y a restar, y a hacer cosas difíciles con los números; a clasificar a los animales y a perderme sobre el lomo de alguno que yo nunca había visto; a conocer la tierra que pisábamos, lo que había bajo nuestros pies y sobre nuestras cabezas; a jugar con las palabras, a unirlas unas a otras y a permitir que ellas fueran transmisoras de nuestros sentimientos. A hacer magia.

Aquel maestro nos pegaba con una regla que siempre tenía dispuesta sobre la mesa, o bien nos daba un golpe con su bastón, o bien nos dejaba sin recreo, y ni siquiera nos permitía comer la merienda. Y eso a mí me descomponía. Prefería mil veces el castigo de la regla o del bastón al castigo del recreo. Pero él sabía que el recreo nos importaba mucho más que cualesquiera de los golpes que recibiéramos, y por eso era mucho más frecuente esto último. Además, de esta manera no dejaba signo externo de su castigo, pero a nosotros, en el fondo, nos destrozaba.

Mis padres estaban contentos porque yo sabía muchas cosas. Si alguna vez les insinuaba que Don Miguel, que así se llamaba el maestro, le había pegado a algún niño, ellos decían que motivos habría dado, y que Don Miguel era un buen maestro, y que si alguna vez me pegaba a mí, ellos me darían luego el doble. Por eso, cuando a mí me tocaba, yo me cuidaba muy mucho de no contárselo a mis padres. Ésa fue la consigna, para eso y para otras tantas cosas.

De aquellos días en que el discurrir de un sólo verano podía cambiar nuestras vidas.

El rostro que por entonces amábamos se lo llevaba el verano, como se lleva el verano las ilusiones que genera el invierno.

Aquellos tres años transcurrieron entre el aburrimiento y el miedo a la escuela y los hermosos veranos con que eran coronados los finales de curso. Ya se dejaba notar en mayo, cuando hacíamos la ofrenda de flores a la Virgen y los huevos de los gusanos de seda empezaban a abrirse y yo a trepar de morera en morera en busca de hojas para mis incipientes gusanos. Luego continuaba con los primeros chapuzones en la piscina municipal, y la asistencia a las ferias, bajo el humo pegajoso de los churros y las luces de los alumbrados que colocaban en las calles principales. Y, entre medias, esas maravillosas horas de la siesta en nuestros cuartos, donde nos dejaban hacer, o bien, cuando mamá estaba de buen humor, las escapadas en compañía de los amigos a las afueras del pueblo a rebuscar en los muladares o a tirar piedras al aire.

Era entonces el momento de criticar a los maestros y de ponerles apodos, de exagerar sus errores y de engrandecernos a espaldas de ellos, de asegurarnos que el curso próximo no sería igual, a sabiendas de que sí lo sería, de prometernos que nunca más seríamos acosados. Y todos aquellos castillos de gigantes que construíamos bajo el febril calor del verano se venían abajo si, por casualidad, nos encontrábamos por las calles con algunos de nuestros maestros y éramos incapaces siquiera de mirarlos o saludarlos. Y, sobre todo, fuimos incapaces de juzgar justamente a Don Miguel cuando, ya crecidos, asistimos a su entierro. Para todos fue un maestro excelente, sin tacha, que había formado a los hombres del pueblo. Para mí fue un hombre que me enseñó muchas cosas, buenas y malas, la mayoría de las cuales las aprendí sin demasiada dificultad. Pero se dejó en el tintero algo sobre lo que yo no sabía nada y me iba a resultar muy difícil aprender: comprender la vida.

Porque la vida, precisamente, está hecha de continuas idas y venidas, y por cada cosa que encontramos dejamos otras tantas en el camino, como si para nacer fuese necesario primero morir. Cuando yo nací, murió el abuelo. Cuando tú te fuiste, descubrí el amor que por ti siempre sentí.

¡Cómo me pesa la vida arrastrando tus recuerdos!

Aquel verano, cuando mi tío vino a pasar unos días de descanso a la casa de la abuela, supe que algo extraño le había pasado. Tenía en sus ojos una mirada distinta, como un brillo, no sé qué cosa, que llamó rápidamente mi atención. Era un brillo especial, no precisamente el brillo con que se delata la felicidad, ni tampoco el brillo opaco con que su hermana la tristeza se manifiesta. Tal vez fuesen los dos brillos juntos al mismo tiempo, condensados en uno, que es como comúnmente aparecen.
En aquellos ojos cansados, alegres, tristes... yo veía ciudades por las que mi tío había andado, monumentos ante los que se detuvo, postales que quedaron grabadas en su retina... Veía, igualmente, rostros de gente para mí desconocida, ojos dentro de otros ojos, bocas apretadas a otras bocas... Y era a través de ese viaje por el interior de los ojos de mi tío como yo más fácilmente llegaba hasta él, como más nítidamente lo penetraba.
Porque mi tío no era de esas personas parlanchinas que en torno a una mesa relatan sus hazañas, ni se jactaba de los encuentros con que la vida nos obsequia, ni gustaba de relatar sus desgracias. Mi tío decía sí, bueno, no tengo ningún inconveniente, y se sentaba en una silla al fresco en el patio de flores y enmudecía durante horas. Yo, todavía pequeño, me agarraba a sus piernas y él, con suma ternura, me aupaba. Una vez en sus rodillas toda mi obsesión era quitarle las gafas. Y fue tal vez por esta manía mía de pequeño por lo que siempre estuve pendiente de sus ojos. Por eso, aquel verano, cuando la abuela se abrazó a él, él a la abuela, y después nos saludó a todos los que habíamos acudido a esperarlo, yo me fijé en sus

gafas, bueno, en sus ojos, y supe que algo extraño le había pasado.

Sentado en el patio de flores, a la sombra de los helechos, respirando el frescor de las últimas horas de una tarde de agosto, mi tío leía uno de sus libros. De vez en cuando levantaba la vista y se colocaba las gafas. Y cada vez que hacía eso, un brillo de luz salía de sus ojos. Un destello de luz como un destello de misterio que se posaba sobre las páginas del libro, acompañado de un hondo suspiro. Entonces mi tío encendía un cigarrillo, aspiraba el humo y luego lo expulsaba hacia arriba, observando cómo se elevaba. Yo, desde la mesa de la cocina, veía también el humo elevarse por encima de los muros de los patios, y la mirada de mi tío, que seguía la estela del humo, como el que quiere fugarse agarrado a una bandada de pájaros.

Y de nuevo sus ojos, la mirada, ese brillo distinto en ellos al de otros años. Por la intensidad del brillo yo sabía que el dolor, la alegría o la pena que en su interior se fraguaba tenía que ser enorme. Era, pensaba yo, como un fuego interno a través de cuyos ojos salían las llamas. ¿Pero qué era lo que en el interior de mi tío se quemaba?

¿En qué agua impura me he bañado, qué aire maloliente respiré?; acaso un sol putrefacto acariciara mi piel y una luna cancerígena besara mi rostro mientras la contemplaba desde la ventana.

A él lo conocí durante mis años de secundaria, cuando los maestros eran muchos y habían dejado de tener importancia. No sé si fue en el patio, o en la escuela, o en las filas, o en la calle. Lo cierto es que, sin yo notarlo, aquel muchacho se había colado dentro de mí y, como la espina pequeña, me fue difícil arrancarlo.

No era el amigo con el que hacía los deberes, o con el que jugaba, primero al balón, y a las muñecas más tarde; ni siquiera era el compañero con el que de vez en cuando intercambias algunas palabras en el pasillo. Era un muchacho hermoso, con cabellos claros y ojos negros que, desde muy joven, empezaba a gustar a las chicas. Yo, cuando me lo encontraba, era incapaz de dirigirle la palabra, pero él siempre tenía algo que decir, algún saludo jovial y reconfortante, o una simple sonrisa que, en sus labios, era el paraíso.

Vivía lejos de mi casa y difícilmente me lo encontraba fuera de la escuela. Tenía amigos mayores y costumbres que a los más pequeños nos resultaban incómodas. De él se decía que fumaba y que los domingos iba a la discoteca. Por eso, los lunes, durante el recreo, se formaba un círculo en torno a él y relataba sus fechorías. Las chicas no le quitaban ojo e incluso algunas profesoras hacían sutiles comentarios sobre su persona que no siempre escapaban a nuestros oídos. Quizá por ese motivo aprobaba todas las asignaturas, sin ser buen estudiante.

Yo no sabía qué me pasaba, pero a aquel muchacho no lograba apartarlo de mi mente. Lo quería tener como compañero de clase, sentado junto a mí; como compañero de estudio, compartiendo la mesa de la cocina; como compañero de juegos, arrastrándonos por los suelos o explorando las afueras; como amigo entrañable, como algo muy cercano a mí, pero jamás conseguí mantener una conversación con él, sino palabras entrecortadas y huecas que a él le harían pensar que yo era medio tonto.

Y, curiosamente, si con Don Miguel el fin de curso significaba una puerta que se abría a la esperanza y a la luz, ahora, en secundaria, mayo era un mes feo en el que no sólo tenías que ponerte los pantalones cortos sino prepararte, mentalmente, para indeseadas despedidas. Nunca los veranos fueron tan hoscos, tan áridos, tan indeciblemente aburridos. Ni la magia de la siesta, ni la permisividad de mi madre para que hiciera lo que deseara, lograron apartar de mi mente la imagen de aquel muchacho. Él no estaba en el pueblo: veraneaba con sus abuelos en Málaga, y yo me lo imaginaba dejando huellas perfectas de sus pies sobre la arena, o bien siendo tumbado por una gigantesca ola, sus claros cabellos alegremente desordenados y su sonrisa, que nunca se apagaba, desafiando la bravura del sol. Y notaba como un pinchazo dentro de mí si mi mente lo imaginaba en compañía de una muchacha, una de esas chicas ligeras de ciudad que no tienen reparos en nada. Y la sola idea de que alguien le pusiera la mano encima, o se fijara en la hermosura de sus cabellos, o quisiera absorber la vida que de su boca emanaba, bastaba para que me pusiera furioso y, amargamente, llorara.

Mis padres me notaron cambiado durante aquel último verano de secundaria, pero no le dieron excesiva importancia, alegando cosas de la edad. Entre ellos decían que con el tiempo se me pasaría y que pronto volvería a ser aquel niño alegre que tantas satisfacciones les daba con sus notas, ahora un poco mermadas. Pero yo me notaba como cansado, tontamente abúlico y sin ganas de jugar con los chicos de la calle. Había dejado de practicar deporte y de dar patadas a los balones desinflados. Me había recluido en mis libros y en cuatro papeles sobre los que dibujaba la imagen de aquel muchacho. Y, progresivamente, me fui acercando a mis hermanas.

De la memoria se dice que es un arma cargada de pasado. Pero ¿qué es de la memoria sin futuro?

A finales del verano conocí a unos chicos de la parte nueva del pueblo, limpios y bien vestidos, que todas las tardes se comían un helado sentados en los bancos de la plaza. Aquellos chicos eran correctos, bien hablados, y nunca se metían con nadie. En torno a ellos había como una isla de paz a la que yo, con tantas ganas, deseaba retirarme. Uno se llamaba Carlitos y el otro Paco, y los tres nos hicimos rápidamente amigos. Gracias a su compañía logré distraer mi mente para que no me recordara a diario la imagen de aquel muchacho.

Pero, unos días antes de que abrieran las escuelas, me lo encontré en la secretaría del Instituto. Estaba haciendo la matrícula para el próximo curso y logramos mantener una conversación sobre cómo nos había ido el verano. Él se lo había pasado bien y yo le dije que me había aburrido bastante. Se alegraba de que el próximo curso estuviéramos juntos. Yo no le dije que me había sido concedida una beca de estudios y que me iría a estudiar a la ciudad. Mucho tiempo después lo vi de lejos, pero ya no quise hablarle. Como una mancha de tinta caída sobre el pantalón, después de mucho frotar, desaparece. Pero siempre queda un resto, una huella, un recuerdo de todo aquello.

De cómo se nos va el tiempo y los días y esas pequeñas cosas en las que apenas recapacitamos.
El tiempo, cuando se va, cuántas cosas se lleva consigo.

Mi tío venía siempre a casa de la abuela en verano y unos días en invierno, por Navidad. Cada vez que venía era distinto, por lo menos yo lo percibía así, como si fuesen varios tíos los que se turnaran.
En invierno gustaba de sentarse junto al fuego y leer la prensa. Se preparaba una taza de té con mucha ceremonia y se calentaba la palma de la mano con la losa. La abuela se reía, decía que nunca iba a echar talento y continuaba con sus cosas, pero sin quitarle ojo de encima. Como quiera que se

supiese observado, mi tío repetía siempre los mismos rituales. Se levantaba todas las mañanas a la misma hora, pasaba todas las mañanas el mismo tiempo dentro del cuarto de baño, desayunaba siempre lo mismo y, muy arreglado, salía a comprar el periódico y a dar una vuelta por el parque. Sabíamos que había estado en el parque porque a la hora de la comida él nos lo decía, pero qué había hecho o con quién había estado pertenecía al mundo de mi tío, a su mundo reservado.

De mi tío no hablaba nadie, o quizá todo el mundo hablase de él en sus silencios. Quiero decir que ni mi madre ni mi abuela hablaban de él refiriéndose a él mismo, pero se quedaban como calladas observando sus movimientos. Como protegido por un cristal, él hacía y deshacía a su antojo, mas sabiéndose en todo momento observado.

A mi tío lo buscaba como la candela al fuego, según expresión de mi abuela, un muchacho rubio de cabello rizado que vivía en lo alto de la calle. Mi tío le doblaba la edad, pero eran ya muchos los años de amistad que los unían, aparte de otras circunstancias que nadie comentaba.

Se conocieron un verano en la piscina del pueblo, una de esas tardes mágicas de sol pleno en que todo sale perfecto. A mi tío le sobraba cultura y el muchacho andaba hambriento por saber cosas, aunque no toda la gente era de ese parecer. El muchacho cursaba estudios de secundaria y mi tío acababa de finalizar la carrera. Aquel verano, dice mi madre, mi tío estuvo en todo momento contento. Bajaba todas las mañanas a la piscina y todas las tardes salía a dar un paseo. Por las mañanas estaba con el muchacho en la piscina y por las tardes paseaba con él por el parque. Mamá decía que mucha gente murmuraba, que se comentaban cosas que hicieron mucha daño a la abuela, aunque en la casa nunca se hablara de ello.

La llegada del otoño fue para todos como un alivio. Mi tío se marchó de nuevo a la ciudad y dejó al muchacho abandonado a su suerte. Pero no fue así. Más tarde se supo que mi tío le ayudaba en sus estudios y que velaba por él desde lejos.

Pasaron los años y aquella amistad, lejos de romperse, se hizo más sólida. El muchacho había crecido, llegando incluso a sobrepasar la estatura de mi tío, y era uno de los preferidos de las muchachas del pueblo. Un verano vino mi tío y lo encontró con novia. Fue la primera vez que vi en sus ojos ese brillo que tanto me fascinaba. Aunque seguían tratándose —ahora paseaban por el parque los tres—, mi tío ya no desplegaba la energía de antaño. Sentado en el salón, o en la cocina, o en el patio de verano, mi tío rumiaba los sueños dorados en que quedó atrapada su vida. Atrapada, quizá, una palabra mayor en su garganta, ésa era posiblemente la culpable del dolor de mi tío, de ese dolor sin retorcimiento que silenciosamente salía de sus ojos.

Los profundos y escarpados barrancos de la memoria son magníficas cajas de resonancia. Como el tamtan africano, los tortuosos caminos se recorren con esta voz.

Y es en un pliegue de la memoria misma, fruto de una emoción ininteligible, donde dormita la sombra que proyecta tu cuerpo, que mira hacia mí, que me sonríe, como el anticipo de un paraíso alcanzable a nado.

Hicimos un mundo. De fantasías y sueños. Un mundo a nuestra manera, ni muy ancho ni muy prieto, exactamente la talla ideal para nuestros cuerpos, para nuestros deseos. A escondidas, pero siempre los tres, no teníamos ningún reparo en hacer cosas que a la vista de los otros chicos serían criticadas. Nos pintábamos las uñas, los labios, la sombra de los ojos... Hacíamos pelucas de esparto que luego coloreábamos con lápices de cera, imitábamos a artistas conocidas y adoptá-

bamos las mismas poses que ellas. Los libros habían pasado a un segundo plano y ahora nos interesaban más las revistas de moda o las de cuchicheos. Cada uno se encargaba de una sección y luego la comentaba de una manera grandilocuente y amanerada, como si estuviéramos recitando ante un gran público.
  Los sueños, durante tanto tiempo adormecidos, no tenían razón de permanecer nunca más en el olvido. Carlitos soñaba con ser peluquero y hacer que las pelucas de esparto cobraran vida sobre las cabezas de las damas; Paco no sabía qué quería ser, pero estaba seguro de que quería ser alguien, dedicarse a la costura o algo así; yo, pese a que los estudios en la ciudad no fueron demasiado brillantes, había decidido pasar luego a la Universidad y dedicarme a la enseñanza. Y, mientras tanto, Carlitos soñaba con un vecino suyo; Paco, con un primo que vivía en Barcelona; y yo, con un nuevo compañero de clase que había sustituido casi por completo a aquel lejano muchacho.
  Así pasó mucho tiempo, y nos hicimos un poquito mayores, y un día, mientras paseábamos por las calles, alguien se volvió y nos llamó maricas. Nos miramos sorprendidos, pensando que no se refería a nosotros, pero no había nadie en el lugar a quien pudiera referirse. Y comprendimos, muy a nuestro pesar, que nuestro secreto había sido, una vez más, descubierto.

  Parte del paraíso se vivió aquí.
  Y si no, en cualquier caso, siempre es un trozo de esperanza para el sueño y la quimera.
  Para morir, otros caminos; para vivir, éstos.

  El preciado hilo de seda que nos unía estaba casi roto, pero aún permanecimos un tiempo más atados a él, viéndonos a escondidas y evitando los lugares frecuentados. No teníamos amigos, sólo éramos los tres, y, al final, también acabamos separándonos. Carlitos se puso a trabajar en un bar que regentaba su padre y Paco se fue a Barcelona. Yo, que aún permanecía en la ciudad, apenas si salía los fines de semana de casa, ante la sorpresa e indignación de mis padres, hermanos y hermanas. Mi madre, que debió de sospechar algo, me echaba una manita diciendo que me convenía estudiar, pues pronto tendría que elegir carrera. Y un día, cansado de todo, decidí marcharme.

Mi fuga la preparé como una hormiguita previsora, poquito a poco, ahorrando un ridículo dinero y rescatando de los cajones de la cómoda cosas de las que no podía desprenderme: poemas de amor sin destinatario, dibujos confusos y lápices y gomas de borrar que había sustraído a los chicos que deseaba. Todo eso era mi equipaje, pero mi corazón estaba repleto de esperanzas.

Decía mañana y luego al día siguiente, y tenía miedo de que llegara el día de la verdad y encontrarme en la estación de trenes sin saber en cuál subirme. Había pensado en ir a Madrid o Barcelona, un sitio grande donde pudiera pasar desapercibido, donde nadie se fijara en mí por la calle y nadie se cuestionara los motivos por los que no salía de casa. Y mientras mi cabecita loca no paraba de girar, una de mis hermanas me sorprendió un día con la maleta que yo mismo había fabricado: un bolso de muselina en el que había dibujado el rostro de Leif Garret, con quien entonces me fugaba por las noches.

Mi padre lloró, mi madre lloró, mis hermanos y mis hermanas lloraron. Toda la casa era un indescriptible revuelo, donde las preguntas se mezclaban con las respuestas, los reproches con los insultos y nadie lograba enterarse de nada. Una vez más, mi secreto había sido descubierto.

Pasamos la noche relativamente en paz, aunque mis padres no cesaron de hablar bajito. Una de mis hermanas gimoteaba y el resto parecía haber cogido la cama con más ganas que nunca. A la mañana siguiente nadie daba la impresión de estar profundamente enfadado. Yo continué, pues, con mi idea de marcharme, y una semana después, ya todo en regla, me encontré en la puerta de la calle estrechando manos y dando besos.

Había superado una dura prueba y sabía que, aunque la vida fuera dura conmigo, nunca más lograría abatirme. Por primera vez subí a un tren y vi decenas de manos agitadas al viento. Había visto escenas parecidas en las películas, escenas conmovedoras que siempre me robaban una lágrima que yo rápidamente rescataba con mis dedos. Pero nunca imaginé que esas manos vacías que se agitaban como serpientes enloquecidas fueran capaces de robarme no una, sino mil lágrimas que yo, inocentemente, atribuí a la alegría que me embargaba.

Recuerdo esos rostros cuando crepita la noche y una vagabunda sombra se desvanece sobre la ciudad, como se desvanece el beso que ahora lanzo hacia ti y no alcanza a posarse en tus labios.

A mi tío no se le conoció nunca novia formal. Tonteó durante un tiempo con una muchacha del pueblo que no era del agrado de mi abuela y sencillamente se negó a librar dos batallas: la suya propia y aquélla a la que mi abuela lo retaba. Pero tuvo la elegancia, decía mi madre, de saludar a la muchacha siempre que la veía. Se paraba con ella, le daba un par de besos en las mejillas, le tomaba las manos, se interesaba por sus cosas, por su vida, por ese amor que él le retiró a tiempo de la boca y que le hubiese sabido amargo de haberlo probado.

La muchacha, en un principio aturdida, fue comprendiendo

con el paso de los días a mi tío, en quien encontró un amigo, un confesor, el depositario de sus deseos truncados. Todavía se la ve por el pueblo. Mayor, con esa falsa juventud con que se disfraza la soltería, camina cabizbaja por las calles, acude a misa, no falta en los entierros, sonríe forzada en las bodas, deja escapar una lágrima en los bautizos... Y es entonces cuando percibo también en sus ojos ese brillo que me hace recordar el brillo de los ojos de mi tío, un brillo de conformidad, de apretura, como quien retiene un grito: el brillo del lamento por aquello que pudo haber sido y no fue.

La ciudad, hermanada con el Caribe a través del colorido de sus fachadas: cordón umbilical, arco iris que alegra al pobre.

Aquel triángulo que formó mi tío con sus dos amigos de la infancia —como un triángulo feminista, rosa, gay y lesbiano—, tenía un vértice quizá más destacado que los otros, el vértice constituido por Carlitos, el mayor del trío, también el más hermoso, el de los cabellos morenos en invierno, rubios como el trigo del Sur en verano, sin que nadie acertara nunca a descifrar el origen de tan mágico milagro, si bien se debía a los rayos del sol que sobre su cabeza se ensañaban en los atardeceres de agosto —cuando salía a los campos como una Eva primitiva en busca de su apreciado Adán para que le ayudase a acabar la manzana—, o bien al potingue de productos que robaba a sus hermanas y sobre los cuales ni tenía control ni medida.

Carlitos, también de ojos grandes y profundos por naturaleza, ojos de mujer, más que de hombre, según decían las vecinas, orlados de unas exageradas pestañas de muñeca de feria, ojos profundos y obscuros como pozos lorquianos, ojos por los que él, más que ver, lo veían, vivía en la parte nueva del pueblo, junto a la carretera comarcal, en el piso alto de un bar que regentaba su padre y que hacía las veces de pensión para los camioneros de paso.

Carlitos tenía dos hermanas mayores que habían sido reinas o damas de honor de las fiestas de agosto, rubias ellas de natural, altas, muy hermosas, con sendos novios muy apuestos de los que Carlitos no tardó en enamorarse. Tenía también un hermano mayor que él, también rubio, de ojos azules, la boca prieta de tan ajustados los dientes, blancos como un folio, uniformes como una línea recta, que él mostraba alegremente mediante una fácil sonrisa que a más de uno le quitaba el aliento. Rodeado de tanta belleza, Carlitos se sentía como un patito feo y moreno, de ahí su fijación por el pelo rubio de la gente, que manoseaba siempre a su paso, como si en cada gesto les arrebatara un mechón que luego él añadía a sus pelucas de esparto.

Carlitos soñaba con ser peluquero, y lo consiguió, tanto había experimentado años atrás con las pelucas de esparto a las que luego él daba mechas con lápices de cera.

Pero el sueño de Carlitos, o la obsesión, o la pesadilla, era Curro Barea, un hermoso joven de diecinueve años, alto, moreno, de aspecto moruno, que trabajaba de camarero en el bar de su padre.

Carlitos soñaba cada noche que el mundo se acababa y que sólo él y Curro Barea sobrevivían a la hecatombe. En sus sueños, los de Carlitos, él era transportado en brazos por Curro, atravesaban campos en llamas, sorteaban cadáveres, subían y bajaban montes humeantes como cráteres volcánicos y retozaban más tarde en un paraje que se había salvado, milagrosamente, de las bombas. Allí Curro Barea despojaba a Carlitos de los harapos en que se habían convertido sus delicadas prendas y lo hacía suyo. Cuando estaban a punto de correrse sonaba el despertador y Carlitos tenía que levantarse para ir a la escuela. Mamá frecuentó durante algunos años la peluquería de Carlitos, cuando todavía él tenía pelo e ilusiones, que nunca se supo qué fue lo que se le cayó primero. Tenía fama de buen peluquero y de ser atento con las damas. Al principio hablaban de mi tío, vaga y temerosamente, de aquellos años en que habían compartido la amistad, pero los dos como con miedo a decir algo o comentar algo que más valdría no revelarse. Cuando Carlitos se casó y tuvo una hija, el tema de conversación ya fue otro y el referente de mi tío se fue diluyendo con el tiempo. Curro Barea también se casó. Dejó preñada a una muchacha del pueblo y se fueron a vivir a la ciudad. Mi tío volvió a ver a Carlitos uno de aquellos veranos en que venía a casa de la abuela. Pero, curiosamente, cuando se veían, no se saludaban. Simplemente se veían y los dos bajaban la vista. Quizá obraron de manera acertada. Los dos tenían mucho que contarse, pero más aún tenían que callarse. Aquellos años de la infancia y primera adolescencia, de aquella nave a tres que ellos pretendían hacer navegar por el mundo; el hermano mayor de Carlitos, por el que mi tío lloró y sufrió; el propio Curro Barea, los sueños o lo que fuese que Carlitos tenía con él... todo pertenecía ya al pasado, todo formaba parte ya de una película, una de esas películas que proyectaban en el cine de verano, aquél que cerraron y nunca más volvieron a abrir.

Sentado en la terraza de la Cafetería Río, desfile de todo género humano calle arriba y abajo, estatuas de sal junto a los veladores en sombra, blancos veladores de mármol, otrora tapas de sepulturas de las que cada noche salen los zombis travestidos de marqueses, de condes, de altas damas, de efebos del limbo, eufemismo que lo es de los arrabales. Me miran. Yo miro. En este reino mudo de las miradas, las palabras no valen. Pobre Academia.

El tío adolescente fue un poco loco, enamoradizo, coronado por una especie de aura de fotografías de cantantes e ídolos de la televisión en la cabecera de su cama, como un limbo particular y rosa al que nadie tenía acceso y tampoco nadie entendía.

Aquellas mariconadas, como las llamaba mi abuela, se contraponían al otro decorado, más viril, con que mis otros tíos se rodeaban: jugadores de fútbol, atletas de todos los tiempos, algún que otro calendario de chica semidesnuda y fotografías tamaño carnet de las primeras novias. El dormitorio, así, acogía dos mundos, pero sin fundirlos. Dos mundos hermanos, dos mundos que no se entendían.

Un mundo, más que un mundo, un taller de mecánica, con aquella chica del calendario jugando con una rueda de camión entre las piernas, sin nada de ropa arriba. La sola visión de ese mundo le traía a uno un aroma a grasa y a mono de mecánico con los bolsillos llenos de estopas ennegrecidas y manos curtidas plagadas de heridas. Había incluso en el ambiente un olor fuertemente viril, por más que la abuela se afanara en pasar la fregona por debajo de las camas, en busca de los restos con que mis tíos se deshacían de un puñado de hormonas a la salud de aquella chica del calendario.

Justo al lado, separado tan sólo por la mesilla de noche y la escupidera que nadie utilizaba, el otro mundo, el mundo aséptico y perfumado de heno, un mundo rosa y lleno de transparencias, un mundo cubierto por un velo como la cuna del recién nacido es cubierta de gasa para que no le molesten las moscas: el mundo de mi tío.

Un mundo-camerino de artista que no se separa de sus santos devotos.

Eran los días en que el temporalmente hermoso Leif Garret triunfaba con la serie «Tres en la carretera»; Pablo Abraira hacía lo propio con su camisa (y no sólo camisa) de leñador, mientras tarareaba su más que recordado himno a la nada «Gavilán o paloma»; Gianni Vella rompía los corazones y sus cuerdas vocales con «De amor ya no se muere», y el pequeño cantarín de «Bella sin alma» preparaba el terreno para que los jóvenes del lugar descubrieran las primeras delicias del sexo en el «Jardín prohibido» de su compatriota. En esa tela de araña se fue tejiendo el caparazón interno de mi tío. Todavía recuerdo algunas noches en que antes de irme a la cama yo rezaba aquello de «cuatro esquinitas tiene mi cama, cuatro angelitos que me la guardan...» y me imagino a mi tío adolescente rezando aquella oración, casi oculto en su cama, ajeno al trajín de las camas de al lado, custodiado por sus ídolos-amores, con la misma seguridad y dulzura con que custodiamos una perla en el interior de un cofre.

Los libros...
Los libros, los libros, esos libros que leemos, que nos premian, esos premios que nos acercan a la boca y que más tarde nos retiran como golosina con la que pretendemos aproximarnos a un niño para luego asestarle malévolo zarpazo como en festín de cocodrilos. Los libros, cuánta vida en ellos; los libros, la tinta, cuánta tinta que no lo es, cuánta sangre oscurecida por qué misterioso dolor, cuánta gota de sudor amargo que por la mejilla resbala...

Como enviada por Dios, o por el demonio, que esto mi abuela nunca lo tuvo muy claro —a veces Dios y el Demonio son la misma persona: cara y cruz de esa moneda que es la vida—, llegó un día a casa una vecina con la documentación precisa con el fin de que mi tío solicitara una beca de estudios en la ciudad. Mis abuelos, reticentes a todo aquello que no fuese el trabajo diario, la comida a punto y el pan a su hora —sobre todo si éste se ganaba con el sudor de la frente, mucho mejor—, se mostraron en contra de tan alocada idea, pues un hijo en la ciudad es un hijo perdido, un hijo que estudia para nada, un hijo ausente, un hijo gandul —todavía en sus mentes el concepto del hijo como mano de obra barata y fácil, arriero de la peseta, aguador de monedas—, y mandaron a la vecina, con muy buenas maneras, a freír espárragos. Durante la noche, la conciencia, el remordimiento, esa cosita en el estómago o en el cerebro que no nos permite dormir bien, les hizo recapacitar y a la mañana siguiente llamaron a la vecina y cumplimentaron los papeles. Sin lugar a dudas, aquella decisión se había tomado en beneficio de mi tío, pero también en la misma había influido el hecho de que mi tío fuese un completo inútil para las arduas tareas del campo y las no menos fáciles tareas de albañil, para las que parecía estar predestinado, ambas probadas sin éxito por mi tío, la primera de las cuales acompañando a mi abuelo en la recogida de aceitunas una mañana de invierno, del frío invierno cordobés, tras la cual regresó mi tío con sabañones en todo el cuerpo, los bolsillos llenos de piedrecitas a modo de recuerdo —como un marinero del interior cargado de conchas marinas—, y sin voz durante los tres días que guardó cama.

La segunda tentativa de un trabajo digno y viril, propio de los hombres de la familia, la realizó mi tío una vez finalizada la secundaria, en aquellos veranos anchos como mares de azul en los que felizmente nadó toda su vida, en compañía de su hermano mayor, mi otro tío, incondicional de las ruedas de camión y de las chicas que con ellas jugaban, la antítesis personificada de mi tío, corpulento, moreno, de cuadradas espaldas, siempre con un cigarrillo pegado al labio, por el que le goteaban, como un grifo a medio cerrar, un rosario de insultos y palabrotas para con las muchachas del pueblo, que hacía palidecer la piel de mi tío, ya de por sí blanca. Mi tío se puso unos guantes de cuando los días fríos de invierno para portear los ladrillos, no fuese que se le estropearan las manos, que tanto se cuidaba. Como era verano, el tío debió de pensar que qué mejor ocasión para broncearse, y anduvo todo el santo día y parte de la tarde sin la camisa, desnudo su torso sin formas. No sólo no se bronceó, sino que el tío cogió una insolación que estuvo a punto de costarle la vida. Por la noche, en la que no pegó ojo a causa de las quemaduras, el tío no dejó de gimotear mientras mis otros tíos se partían de risa.

Así que, supongo, un poco por mi tío y otro tanto por la convicción absoluta de que era un negado para los trabajos hasta ahora desempeñados, mis abuelos dieron su visto bueno y mi tío se trasladó a estudiar a la ciudad por el espacio de dos años.

Porque el viaje, cualquier viaje, siempre es interior.

Ya desde niño, decía mi madre, el tío era distinto del resto de sus hermanos y de los niños vecinos. Aunque regordete como todos, no era un niño aficionado al fútbol ni a las peleas callejeras. Aplicado en la escuela, querido por sus maestros, a mi tío lo corrían por el patio de recreo y le llamaban marica.

Sintiéndose acosado, aunque supongo que ignorando a ciencia cierta por qué, mi tío creció entre las paredes de la casa, a la sombra de mi abuela, mimado en todo momento por mi madre y mis tías.

Se sentaba junto a la abuela, la veía hacer la costura, preparar el guiso, abrir y cerrar cajones, transformar un vestido en otro, un traje de mi abuelo en una elegante chaqueta para él... Así pasaron algunos años, hasta que mi tío tomó conciencia de su diferencia, vergüenza de su destino, y se fue alejando de mi abuela y de mis tías y quiso salir al mundo y encontrar su sitio.

Fue a finales del verano cuando mi tío conoció a dos chicos de la parte nueva del pueblo idénticos a él. Dicen que los homosexuales se conocen con sólo mirarse a los ojos. He de suponer que esto fue lo que hicieron, aunque me inclino a pensar que fue tal vez la alegría de encontrar un ser como ellos lo que animó a aquellos tres muchachos a crear una amistad en torno a sí tan fuerte como las murallas que construimos para impedir que en nuestra vida entre el enemigo.

Mamá me contó que el muchacho gris y apocado de la infancia se convirtió en un adolescente alegre que nunca faltaba a las fiestas. Los inviernos eran celebrados con la misma alegría con que lo era la llegada de los veranos. Aquellos tres muchachos construyeron un mundo con la misma exactitud con que el sastre nos hace un traje: a la justa medida de quien lo usa. Apartados de los demás muchachos por miedo a los insultos, eran, en cambio, bien recibidos por las chicas, en quienes veían esa otra parte que a ellos les faltaba.

Veranos de sol y de sueños; inviernos húmedos cargados de ilusiones; risas, carcajadas... la felicidad prestada que más tarde nos reclama la vida.

Después de unos años de dichosa armonía, aquella amistad se resquebrajó para nunca más poder repararse. Mamá dice que a mi abuela no le agradaban esos amigos de mi tío. Lo cierto es que mi tío nunca más volvió a hablar de ellos. Hay quien dice que la vida es una sucesión de etapas, que acabada una empieza otra, a veces incluso sin solaparse. Yo creo que el camino, que también es una sucesión de pasos, no puede concebirse como tal de una manera aislada, sino como un conjunto de pasos que alguien anduvo. Por eso me cuesta creer que mi tío borrara de su mente aquella etapa de su vida en la que él fue realmente como era. Estoy seguro de que en el brillo de sus ojos también había una gota de líquido perteneciente a aquellos días. Lejos los tres, cada uno soportando la vida a su manera, la criba de la memoria no se deshizo nunca de las imágenes de aquellos tres muchachos que quisieron vivir la vida guiados por sus sentimientos.

Somos muy tardos en reconocer en la fisonomía del amor ese modelo que en nuestro interior se sabe idéntico.
Y del amor, de sus pasiones, sólo conocemos las ajenas. Lo que llegamos a conocer de las nuestras lo sabemos por los demás.

La Casa Grande.
La casa grande tenía dos patios: uno, floreado, y el otro, al fondo, más sobrio. Un portal fresco en verano y gélido en invierno y muchas habitaciones de solería roja y blanca en la que el paso del tiempo y la marca de los muebles habían dejado extrañas figuras con las que yo fantaseaba de chico. Dos terrazas inundadas siempre de sol como galeras que aireaban sus trapos al viento, y tapias altas de las casas de los vecinos por encima de las cuales llegaba siempre el eco de sus conversaciones, alegrías y tristezas.

Yo pensaba, de chico, que el mundo era eso: la casa grande.
Llegabas a ella con los ojos cerrados y sólo en ella encontrabas la paz y el delirio. Nunca el sol fue más bondadoso ni la lluvia más cálida.

En la casa grande uno se sentía seguro. Seguro de los insultos y amenazas, de las peleas de chico y de cuantas más inclemencias la vida sin rumbo nos ofrece. Si llovía, sabías que el techo era fuerte en la casa grande; si, por el contrario, el sol tórrido de julio nos agasajaba, uno siempre podía contar con el frescor marmóreo de las habitaciones de la casa grande. Siempre la casa grande.

Fue grande hasta que crecimos y entonces se nos hizo pequeña.

Las solerías de rojo y blanco fueron sustituidas por otras más modernas pero sin magia ni figuras fantasmagóricas en ellas. Los vetustos muebles de la abuela dieron paso a frágiles remedos de carpinteros-artistas tan inútiles como prosaicos. Mirarlos era algo así como mirar la nada.

Y levantamos el vuelo.

En todas partes he buscado el doble de mi casa grande, de la misma forma con que buscamos para mujer el doble de nuestra madre. He buscado los rayos del sol con la misma intensidad con que el sol se busca a sí mismo; una solería que se asemejara a aquella roja y blanca que recibiera mis pasos de niño; muebles antiguos, viejos, desahuciados, pero con una historia en sus cajones; flores y plantas que crecieran a la par que yo y me mostraran en su reventón el milagro inexplicable de la primavera. Por todas partes he paseado la imagen platónica de mi casa grande, embriagado de la misma melancolía con que el apátrida pasea su dolor por alguna lejana tierra.

Y sé que nunca encontraré nada que se parezca a la casa grande.

Tan difícil como volver al vientre del que nacemos, así también, igualmente difícil, volver al lugar donde se forjaron nuestros recuerdos.

Contemplar otros paisajes, embarcarme en nuevas aventuras, vivir otras vidas...

Convertirme en la imagen que tenía de ti.

Apareció entonces en su vida la ciudad, un elemento que en la vida de mi tío habría de tener capital importancia.

El tío adolescente, enamoradizo como dije —también lo fue

el tío adulto y el tío mayor: el tío con sabor a ciudad y a beso de ciudad en los labios—, mantuvo con la ciudad una relación enfermiza, una relación loca de amor, una relación devota y casi fetichista por las grandes urbes.

Con el abrigo comprado para la ocasión, con aquellos guantes a los que él daba otros usos, los libros bajo el brazo, la cabeza alta, erguida o cabizbaja según el estado de ánimo —pues no es la columna vertebral la que nos mantiene erguidos, sino el ánimo, ese muelle que a veces se afloja—, el tío pateaba las calles, se perdía por los rincones, descubría iglesias... Como siguiendo unas huellas ya marcadas por otro, el tío conocía a la perfección la judería de Córdoba, el número exacto de columnas que configuran ese bosque pétreo que es La Mezquita, la Posada del Potro, la Plaza Vieja, el Museo de Julio Romero de Torres, que él visitaba como el que visita a un familiar enfermo, puntualmente cada mes, y del que luego se llevaba una bocanada de aire, un brillo de faca preso en el brillo de sus ojos, una premonición de tragedia para él todavía lejana.

Fue también el tiempo y la ocasión para nuevas amistades, chicos de ciudad, más finos, más elegantes —como unos primos ricos a los que siempre queremos parecernos—, más blanca la tez, más sana la dentadura; chicos con visión de futuro cuando sin apenas pasado, chicos de cine y bibliotecas primero, de cafés, reuniones y tertulias, después.

De aquellos chicos mi tío bebió como bebemos del vaso más lleno: calmamos la sed arrastrada y guardamos reservas para necesidades futuras. Blanco también él, fino y delicado, no desentonó demasiado entre aquellos chicos semejantes a él, más abiertos, más libres, que también exploraban. Así, el primer amigo, más íntimo, más cercano, como un pedazo de uno: el amigo que sustituyó a otros amigos, a los sueños de amigo que mi tío tenía.

De aquellos días, también, fotografías en blanco y negro

con el sello de la biblioteca en las esquinas, primeros rostros robados, pegadas luego al corazón con alfileres del que no se desprenderían nunca. Caja oblonga de cartón como el ataúd de un niño dentro de la caja mayor que era el nicho, nombres, firmas, corazones borrados... En el interior, el esqueleto, el cuerpo sin vida de aquellos días, el compás y el tiralíneas con el que mi tío trazaría las circunferencias angelicales de Alberti, esa esfera armilar que es enjambre de sentimientos; bote de tinta seca, y, a los pies, como las pertenencias del difunto, otra caja mucho más pequeña, con un buen surtido de repuestos de plumillas, puntas de lápices, restos de goma de borrar —como el polvo de lo que somos, seremos—, un papel doblado o arrugado, y, abierto éste, un nombre, el primer nombre: Dani.

Envuelto por la bruma del puerto, llega a mis oídos el eco del viento arremolinándose en las estrechas calles. Diríase que quiere decirme algo, pero no distingo ese nombre.

Donde tú estés, el viento debe ser afortunado.

Francisco o Paco, el otro vértice del triángulo, el físicamente menos favorecido, el que no era ni alto ni bajo, ni delgado ni gordo, ni moreno ni rubio, sino de un color pajizo indefinido, qué digo pajizo, de rastrojo a medio quemar, con unos ojos de niño con sueño y una boca nunca saciada del todo, era, sin embargo, el más práctico, el menos soñador, el que no se ruborizaba por nada, puesto que no sabía lo que era el rubor, el que consolaba, también él, a los solteros del lugar o a los chicos con novias cuando éstas no los satisfacían, calientes todos ellos entre los muros del cementerio viejo, como los ingredientes de un sandwich perverso, algo así como una suerte de hermafroditas campestres henchidas por la cerveza.

En aquellas orgías precoces a las que Francisco acudía, cuando todavía llevaba pantalón corto, se daban cita los hombres y adolescentes que luego lo insultaban por la calle. Hombres casados, con hijos, hombres que cumplimentaron el expediente; hombres que recibieron a cambio de su visita al altar una máscara vitalicia tras la que luego ellos se ocultaban como aprendices de griegos en aquellas noches de semen infantil y besos a prueba. También los había más jóvenes, compañeros de escuela de Francisco y mi tío, jóvenes de los arrabales, hermosos, grotescos, formado ya su cuerpo cuando todavía niños, fuertes las piernas y ancho el tórax, jóvenes con chicas los fines de semana y solos los días de labrar.

Entre aquellos jóvenes prodigios de la Naturaleza, hijos del sexo y del goce sin fin, encontró Francisco a una especie de chulo que lo martirizaba a cambio de unas monedas. Francisco perdió la cabeza —la virginidad se supone que antes—, y desapareció del pueblo para nunca más volver tras los pasos de aquel chulo. Luego se supo que estaban en Barcelona, trabajando de camareros, los dos, viviendo juntos, felices... Años más tarde el chulo volvió al pueblo, muy puesto, trajeado, bigotudo, más delgado, más alto, como si la ciudad lo hubiese zarandeado y convertido su cuerpo hercúleo en un cuello de avestruz, delgaducho, tieso, siempre mirando al frente, como un faro apagado.

De Francisco nadie supo; bueno, la verdad es que supieron todos: las vecinas, mi tío, Carlitos... pero así como todos sabían, así también, igualmente, todos callaban. Los embarazos de las jóvenes por culpa de las discotecas, el derribo del cine de verano, la nueva carretera que estaban construyendo para que los turistas nos atravesaran más rápidos —pequeñas cosas que ocurren en los pueblos: ese vientre de vaca que nunca se queda quieto—, fueron poniendo su granito de arena en la sepultura de Francisco. Al cabo de un tiempo ésta se llenó y el caso quedó olvidado.

Nunca oí a mi tío hablar de esos hechos, pero sé que en su mente siempre hubo un hueco para ellos. ¿Cómo, entonces, vivir sin recuerdos?

De la Memoria.
De su geografía interior surgen como vigías altivos los roques, antiquísimos conductos de magma viscoso. Alzados sobre su geografía, los habitantes de la memoria han visto en ellos personificaciones, entes de la Naturaleza a los que dirigir sus faltas y sus miedos.
Yo sólo te veo a ti. Así de simple me he vuelto. (Pese a las evocaciones confusas y voltarias a que me somete la vida.)

Dani, el rostro, el nombre, esa mota de polvo que se coló en el ojo de mi tío, como la espina en el corazón —cuánto duele—, fue también Dani, el cuerpo, el de las duchas y los vestuarios de la Universidad Laboral, Dani el atleta, el primero en los saltos y en las carreras campo traviesa, el que, anegado su cuerpo en sudor, se refrescaba bajo las duchas de agua fría ante la mirada impávida de mi tío. El Dani que cada lunes mostraba en su rostro el corte del afeitado imperfecto, haciéndolo quizá más glorioso, como el corredor de la maratón que llega a la meta masticando sus vísceras; el Dani de chicas y chicos, el Dani juguetón que descubre la vida, el de me pasas los apuntes, primero, los estudiamos en mi cuarto, después; el Dani tendido en la cama e invitando a mi tío a que lo siguiera, el Dani de caricias como juegos, de juegos como caricias, de besos para déjame ver cómo es, en la frente, en los ojos, y esas dos bocas que se funden en una... fue también el Dani del sexo, el Dani que mostró a mi tío las delicias y los sinsabores de la vida.

Años después, cuando mi tío había abandonado la Universidad Laboral y Dani todavía continuaba en ella, mi tío iba cada verano a la ciudad, a sus cosas, y quedaban. Ya no había sexo entre ellos, pero todavía se profesaban esa atracción mutua a la que el adolescente es tan dado en convertir en rito. Paseaban juntos por las calles, tomaban cervezas en los bares, se refrescaban bajo los naranjos del patio de La Mezquita, se interesaban por sus vidas, se preguntaban cómo pudo ocurrir aquello y por qué fue que no ocurrió nunca más. Dani estaba saliendo con una chica y mostró a mi tío una fotografía de ella. La quiero, vamos a casarnos... Palabras mayores de quien no lo es que suenan a cerrojazo. Y un paseo más, tal vez el último, entre la gente que monta el mercadillo en la Plaza Vieja, ligero contacto, el aliento en el cuello, y ese olor que nos identifica y nos da vida: el olor de quien amamos.

Marchado Dani, quedó el recuerdo. El recuerdo de la ciudad en invierno, la lluvia sobre las palmeras del Paseo de la Victoria, el frío entre las callejuelas sinuosas y estrechas de la parte vieja, el olor de la primavera de los patios en flor, los primeros calores de mayo y junio, y esa angustia de fin de curso como angustia vital de una época.

Quedó en la memoria de ellos el cuarto, y los apuntes de Historia esparcidos por el suelo, como más tarde quedaron sus cuerpos fundidos, tal vez avergonzados, uno satisfecho más que el otro, o los dos lo mismo. Y en el ambiente del cuarto, ese cuarto de estudiante que pronto otros habitarían —quién sabe si repitiendo las mismas escenas de amor, escenas de mi tío y Dani actuando, representando la vida—, el olor de esos dos cuerpos, como ánimas vagas sin destino, atrapado entre los libros de las estanterías.

La huida.

El hombre huye de la ciudad, se refugia en el campo. De vez en cuando se asoma a la ventana y ve las sombras como reguero que dejó en su fugitiva huida.

El sol entraba desde mañana e inundaba los patios con su miel lechosa. Mamá se levantaba temprano. Nosotros dormíamos aún, pero pronto el ruido de los cacharros en la cocina llegaba hasta nuestras habitaciones, y, al primer bostezo de mi hermano, seguía un segundo bostezo mío y unas palabras ininteligibles con que mi hermana, cada mañana, nos saludaba. Luego irrumpía papá, y si el abuelo estaba de pensión, entonces dejaba sonar su garganta áspera durante horas en el cuarto de baño. Fue así durante mucho tiempo, un día tras otro, haciendo que de este modo llegara a amar la rutina.

Cada mañana me desayunaba un gran tazón de café con leche y un puñado de galletas que se hinchaban. Luego me iba al colegio arrastrando tras de mí una cartera roja que había comprado con mis ahorros. Allí pasaba largas y bonitas horas frente a un pupitre de madera oscura y unos compañeros que ahora ya no recuerdo. Fueron años que la historia se encargó de sepultar y que sólo la prospección de quienes se resisten al olvido rescata a la superficie a ráfagas.

De aquellas cuatro paredes que fue la escuela se me antoja que guardo un recuerdo grato, pese a los castigos de mis maestros y a mis regulares notas en primaria. Pero es el patio del recreo el que con más fuerza se me quedó grabado. Yo no jugaba al fútbol ni gastaba energías en inútiles carreras. Gustaba de pasear con algunos de mis compañeros, tímidos y endebles como yo, mientras nos comíamos un trozo de pan y dos jícaras de chocolate. Si llovía, caminábamos bajo los enjalbegados soportales. Si salía el sol, arrastrábamos nuestros piececitos sobre la amarillenta arena del recinto, con un aire marcial y uniforme, origen de mofas y escarnios. Y si el sol ya picaba, entonces sabíamos que era mayo, y la inmensa morera, en un extremo del patio, se abría como un gigantesco paraguas y nosotros, sin éxito, trepábamos a ella en busca de hojas para nuestros incipientes gusanos.

Era mayo, pues, el mes que marcaba la diferencia. Hasta entonces todo había sido horas de estudio y horas y más horas de permanecer en casa. A partir de ahora, con las tardes libres, los días eran azules y claros, y, tras las fiestas de Las Cruces, todo hacía presagiar un verano henchido de felicidad plena.

Aquellas tardes de sol denso y amarillo estaban cargadas de magia. Mamá nos obligaba a dormir la siesta, pero mis hermanos pequeños y yo siempre nos resistíamos a ello y preferíamos, en cambio, chapotear en el agua de la pila y abrir y cerrar los cajones de la cómoda en busca de prendas en desuso. Una chaqueta de papá de cuando joven, un vestido de mis hermanas mayores que nos daba la risa; el ramo con pétalos de cera de la boda de mamá, una cinta bordada a mano que un corredor de las carreras de caballos le había regalado con, ignorábamos, qué ocultas intenciones... todo salía de su letargo infinito y cobraba vida en nuestros cuerpos. Simulábamos que éramos novios o bien ancianos que se retorcían por el dolor de la vida; o apuestos jóvenes de antaño, con el pelo hacia atrás y liso, que brindaban a su misteriosa enamorada la cinta de la virginidad para que guardara ambas como preciado tesoro.

Otras veces, mis hermanos, aburridos o simplemente cansados de tanto trajín, preferían descansar un rato y se subían a la cámara a que el sol los devorase. Yo no consentía en dormir la siesta. Prefería, por el contrario, retirarme a mi dormitorio y, a través de las persianas, espiar el silencio de las horas muertas. Soplaba un aire cálido de julio que a mí se me antojaba del desierto. Con su leve vaivén movía los papeles de la calle y las hojas secas de la higuera de enfrente. Algún pájaro trinaba como ahogado y una voz lejana y ronca lograba sortear las tapias de los corrales. Esos elementos hicieron que yo amase esas horas mágicas de la siesta del Sur, donde todo parece detenerse por un instante: las casas cerradas a cal y canto, unas pisadas que oyes pero que nunca ves y un ladrido de perro viejo que, como yo, también aguardaba temeroso a que el sol se retirase y se rompiera el encanto.

Pero no se rompía.

La primera voz que se atrevía contra aquel silencio, capaz de abrir puertas y de subir persianas, era la voz fuerte y robusta de Pepe el de los helados, que, empujando un carrito de madera azul, recorría las calles del pueblo en un intento de refrescar las calurosas horas de la siesta. Los chiquillos corrían tras él y le pedían sus helados, o bien los típicos polos que él mismo fabricaba con gaseosa y que a nosotros nos sabían a gloria. Pero, como era muy frecuente, si la economía en casa no estaba para muchos trotes, como decía mamá, y entonces no era posible correr tras Pepe y conseguir el preciado helado, la tarde se quedaba como coja, conformándonos con la consabida merienda de pan y aceite y un poquito de azúcar y la no siempre grata imagen del vecino de enfrente lamiendo aquella barra gigante de delicioso hielo.

Ahora Pepe no está, ni mis hermanos ni yo. Es decir, Pepe se ha ido para siempre, y nosotros, aunque estamos, somos distintos. Pero si alguna vez quiero verlos a todos juntos, al gigante de Pepe y a mis hermanos de antaño, sólo tengo que apretar un botón, ése que en mi ordenador personal responde a la orden de «La Memoria».

Creo que el pasado construye un puente hacia el futuro, que no hay presente ni momento actual, que se me escapa esto que ahora vivo.

De mi tío yo me había forjado una idea muy distinta a la que de él tenían mi madre y mi abuela. Algo así ocurre con la vida. Uno, de joven, se la imagina como una guapa muchacha recién salida del mar, fresca y sonrosada. Ya mayor, cuando nos atrevemos a besarla, la vida, la mujer, se nos antoja como una vieja enlutada por la tragedia que marca en nuestra yugular un mordisco certero.

En aquellas cajas de cartón que la abuela apilaba en el hueco de la escalera, ocultas por una manta y vueltas a ocultar por una cortina de raso —lo mismo que el pariente disminuido se oculta a las visitas: un tópico—, se ocultaban los restos de mi tío. No. Mejor: la vida de mi tío.

Yo me imaginaba de noche aquellas cajas latiendo como corazones amordazados, pues no en vano en ellas había más vida que muerte. Y las cajas, abiertas durante la madrugada —como el pariente de antes que sale al fresco cuando por nadie es visto—, dejaban que cuantos objetos en ellas mi tío había depositado recorrieran las estancias de la vivienda de la abuela, tomaran descanso en las habitaciones en las que el cuerpo pequeño de mi tío lo hizo, y se asomaran a los balcones de la calle y vieran la torre de la iglesia, cuyo reloj se aprestaba a marcar la hora intempestiva del alba. Y cada mañana, durante los años en que me fue prohibido abrir aquellas cajas, ni siquiera acercarme al falso desván que hacía el hueco de la escalera, yo correteaba por la casa tras los restos, las huellas, en busca de una señal que corroborara mi idea de la existencia de vida en aquellos cubículos.

Aquellas cajas fueron durante años golpeadas por el palo de la escoba, humedecidas por la cabellera sucia de la fregona, vilipendiadas por los zorros con que alguna de mis tías las azotaba, como si con ese fuste esperasen redimir las culpas que a mi tío se le achacaban. Y limpio el hueco, aquel remanso de paz alterado cada mañana de sábado en que se hacía la limpieza general de la casa, volvía de nuevo a la ausencia de luz más absoluta, a la atmósfera fría y silenciosa de las sepulturas, tal y como yo me las imaginaba, y así como los egipcios dejaban comida a sus muertos por si a éstos les apetecía comer durante aquel largo período en que no vivían, así yo, igualmente, me escabullía durante unos segundos y corría la cortina de aquel panteón despreciado por todos para que no le faltara el aire.

Cuando crecí y llegaron mis hermanos y se hizo necesaria la ampliación de la casa, aquellas cajas quedaron atrapadas entre los escombros con que la excavadora hace gala de su hombría. Las rescaté de entre aquel cúmulo de modernidad con el que la abuela quería empezar una nueva vida y nunca más me separé de ellas.

Ya sólo me queda el paisaje. ¿Acaso el hombre es algo más que su paisaje? El paisaje mira al hombre y el hombre se mira en su paisaje. No hace el hombre lo que quiere, sino lo que el paisaje le permite.

Los años siempre fueron para mi tío una pesada losa bajo la cual le era imposible vivir. Pero no sólo fueron el enemigo que marca en nuestro rostro la cicatriz de lo que hemos vivido o nos queda por vivir, sino también, y sobre todo, esa especie de mago de la ilusión que no deja velo tras el que se oculte realidad alguna.

Uno, a cierta edad, tiene miedo de que la vida avance. La abuela tenía miedo de que eso ocurriera pues ello significaba dejar de vernos. Yo, desde mi niñez e infancia primero, desde la adolescencia, después, y más tarde desde la absurda edad adulta en que nos instalamos —como un falso mar quieto que de improviso nos traiciona con alguna de sus travesuras—, tenía miedo de que los años pasaran y dejara de ver, cada verano o cada invierno, sentado en el patio o a la mesa de la cocina, la figura siempre enigmática de mi tío y el extraño brillo que salía de sus ojos.

Ni siquiera viviendo situaciones parecidas uno puede experimentar la sensación del otro. Por eso, ese supuesto dolor o agonía, ese sentirse descubierto y sin posibilidad de prolongar por más tiempo la farsa, ese desgarro interno, único e irrepetible de quien lo vive, que supongo atravesó mi tío —pues a ciertas personas se les supone un Vía Crucis y a otras una vida feliz, como feliz pensamos que vive el niño en su cuna—, sólo podría contarlo él mismo, pero nunca lo hizo. Por encima del cadáver de mi tío fueron pasando los cadáveres de sus hermanos camino de la iglesia y del altar, «embodados». Sólo mamá se percató de que aquella fiesta que parece contagiar al más soso no representaba lo mismo para mi tío, sino que cada boda de sus hermanos o conocidos del pueblo significaba para él un ladrillo más que alguien quitaba del muro tras el cual se había parapetado. Pero aparte de ese ir descubriéndose poco a poco, sin remedio, las bodas de sus hermanos y conocidos representaron para mi tío la pérdida definitiva de la infancia, ese viaje sin retorno que es la vida, ese abandono total y absoluto de quien buscó en la familia un refugio y ahora sólo hallaba desamparo.

Camas, habitaciones, objetos compartidos... todo se le quedaba grande. ¿Ley de vida? Es posible que así fuese. O ley de muerte.

En aquel dormitorio, caluroso en verano, frío como el que más en invierno, diminuto y casi perdido en la cama grande del primer ajuar de la abuela, iluminado tan sólo por la lámpara de tres brazos de madera que a mí se me antojaba en las pesadillas de mi niñez como una insaciable medusa dispuesta siempre a compartir el lecho conmigo, mi tío se tragó todas sus penas. O ellas a él. Aprendió a fingir, a hacer derroche de esa falsa alegría que luego a los morosos se nos reclama, a no dejar que su corazón mostrara cicatriz alguna, ni herida, ni huella de maltrato. Y tantos muros de contención había puesto en su interior, que olvidó que sus ojos delatarían esa pizca de tristeza que cada noche, en aquel cuarto de la lámpara-medusa y de la cama gigante con dorados de bronce, en su fuero interno se gestaba.

Al amanecer, esos pescadores de la moderna ciudad que son los habitantes del Parque de Santa Catalina, preparan los veladores, barajan las cartas, distribuyen las fichas sobre el tablero de ajedrez, otean el ambiente, echan su partidita de dominó ajenos a la noria mareante de la vida.

De las cajas rescatadas de entre los escombros yo rescaté el *alter ego* de mi tío, toda su obra, todos sus recuerdos, aquello de lo que bebió en vida y de lo que no pudo acompañarse para siempre.

A veces ocurre que conocemos mejor a las personas cuando se han ido, a través de sus recuerdos y de los objetos de que se rodearon. Algo así debió de ocurrirme a mí en vida de mi tío. La primera vez que abrí una de aquellas cajas salió de ella como una especie de aliento que me hizo estremecer el cuerpo. Entonces supe que aquellas fantasías de niño que yo tenía en relación con las cajas estaban en lo cierto: en ellas había vida. Y fue hurgando en el interior de las cajas, como si hurgase en el interior de mi tío, como llegué a conocerlo.

Ya no me valían sus silencios, ni el brillo de sus ojos, ni la música con la que parecía sumergirse y al tiempo liberarse, ni el muchacho de cabello rubio y rizado que otrora frecuentara mi tío, ni la muchacha que se quedó compuesta y sin novio, como popularmente se dice, la que no mordió el fruto que prolonga la vida. Tampoco me sirvieron de mucho o de nada las referencias vagas y casi de matute que de él me contaba mi madre, ni las que a la abuela, en esos días en que se perdona todo —el cerebro se bloquea, a través de sus ventanas sólo tienen acceso los recuerdos más puros, el cielo más azul, el aire más límpido—, se le escapaban como hondos suspiros provenientes más abajo del lugar donde la voz se genera. Ahora yo tenía a mi tío en mis manos, como él me tuvo a mí de pequeño, un tío vaciado literalmente en aquel manojo de

cartas que conservó de sus amigos; un tío alegre, hermoso, bronceado por el sol de los atardeceres canarios; un tío más serio, más reflexivo, si cabe, el que se me mostraba en aquellos escritos con los que él novelaba su vida. Fotografías, cartas, historias que se inventó o que a él inventaron... todos se mostraban desnudos ante mí, puros, felices, amargos...
Me llevó tiempo leer todo aquello, digerirlo, borrar imágenes confusas, equivocadas, erradas, pegar en su lugar las verdaderas. Y aquel tío serio y triste, o el alegre y bonachón de otras veces, se fue ya para siempre y su puesto fue ocupado por una persona que se debatió siempre con la vida, como el soldado se debate con la muerte; un tío cuya única obsesión fue siempre encontrar el amor y que ignoró, como la mayoría de las veces ocurre, que lo tenía más cerca de lo que él imaginaba.

El sueño, como extasiado de amor, quiere posarse de nuevo en mis ojos. Fumo un cigarrillo. El sueño. Tomo una taza de té. Lo desvelo. El sueño, como extasiado de amor, quiere posarse de nuevo en mis ojos.

La relación casi kafkiana, por no decir infernal, que mantenían mi abuelo y mi tío, una relación de miradas, gestos, palabras y silencios, primero, de acusaciones, reproches e insultos, después, una relación de padre e hijo condenados a soportarse en contra de la voluntad de ambos, motivó que mi tío solicitara el traslado de su beca de estudios a otra ciudad a fin de alejarse de la familia. Por esas razones imprevisibles e inescrutables del destino —quién lo entiende—, la carta —como una carta de amor o botella con SOS que nunca llega a su destinatario— se perdió o se extravió —sufrió una demora, según palabras oficiales—, y mi tío no sólo no se vio alejado de la familia, sino que tuvo que convivir con ella las veinticuatro horas del día. Entonces, el destino de antes cogió a mi tío de los pies o de la cabeza, lo golpeó, lo estranguló, le hizo ver ese agujero oscuro y gris por el que camina la crisis, flaqueó, lloró, sufrió, fue la cucaracha de Kafka arrastrándose por las habitaciones de la casa, huyendo, escondiéndose, esquivando los golpes de escoba que le asestaba mi abuelo.

Año 1976: el tío adolescente y el tío del primer afeitado, el tío que se sabe distinto de sus amigos, un tío con recuerdo ya de ciudad, con un nombre con él para siempre, un tío delgado porque parece que presta las carnes para crecer, el tío que ya no habla ni escucha, sólo observa desde la ventana de su cuarto en que se ha recluido, un tío sobre el que está cayendo el diluvio universal que es la crisis de la adolescencia.

En su cuarto, digo, sentado a la mesa camilla que le ha instalado la abuela junto a la ventana —como ese enfermo inválido que aproximamos al balcón para que se distraiga—, el tío se fue tragando los huesos de aquellas horas y días que uno no recomienda a nadie. Lecturas, dibujos, primeros escritos... un David Copperfield del ambiente que escribe su biografía con tinta rosa. Lunes y martes idénticos a sábados y domingos. Línea recta sobre el papel, línea en picado. ¿Cómo expresar lo que siente otro cuando uno no lo ha vivido?

De aquellos días oscuros, de los días oscuros de mi tío, un grito en la oscuridad de la noche, una fiebre sin síntomas, una enfermedad con una única prescripción: dejadlo.

El tío, enjuto, pálido, como un tísico convaleciente, prepara el equipaje cada noche, escribe cartas, recibe información. Un día, el cartero, para su hijo, de Madrid. Un tío tieso, alargado como un poste de luz, dispuesto a ingresar en filas.

«El amor, ese ángel terrible.»
Paraíso cerrado para muchos, jardines abiertos para pocos.

La calle...

La calle, esa calle como un plató de cine, con sus fachadas altas y encaladas, tras las que se ocultaban las miserias de las familias. La calle de la casa de mi abuela, la calle de los años sin luz de mi tío, la calle de aquellos días sin luz en que veía a través del único ojo que hacía el hueco de la ventana, como un enorme ojo en el pecho o en la frente, suerte de Polifemo derrotado por el Ulises que era mi abuelo, refugiado entonces, escondido, preso en aquella cárcel de amor que fue su cuarto, era una calle con forma de escuadra y un rincón en el que se arremolinaban los papeles en invierno y las chicas en mayo buscando el sol que les abrillantara el cabello. Era una calle también de sillas a la puerta de las casas en las noches calurosas del verano, cuando las familias salían a tomar el aire fresco de la calle como las mozas tomaban el aliento fresco e intacto de la boca de los muchachos, familias que se sentaban y charlaban, echaban un ojo a quienes pasaban y comentaban luego cuando de ellos sólo quedaba el eco lejano de sus pasos.

La calle de fango al principio, asfaltada después, era una calle como un túnel de lavado que empezaba por la casa baja de María, baja también ella, viuda de siempre, negra como la cucaracha que en mi tío quería ver mi abuelo, escalando la tapia de su azotea como soldado en garita a ver quién pasaba. Aquel bulto negro de negro como un nubarrón en invierno, era el coco para los niños, quienes la llamaban María la Bute.

María la Bute lo sabía todo de todos, pero a nadie podía contárselo, pues nadie la creía. Golpeaba los aldabones de la puerta de las casas con fuerza, pedía un poco de sal, perejil, un ajo, cuando quizá lo único que necesitaba era que alguien la escuchara, pero prontamente se la empujaba hacia fuera, pues nunca traía nada bueno con ella.

Enfrente de la casa de María, el pretendiente a quien rechazó. Un hombre solo, comido por los celos, loco, desahuciado no sólo de la casa que habitaba y que amenazaba ruina,

57

sino también de la ruina que era su propia vida. En la fachada de la vivienda, la cabeza de un caballo en bronce, ennegrecido por el tiempo, blanqueado por la cal, un remedo del pura sangre que de mozo ordenó colocar y al que amarraban los cabestros de las bestias después de las faenas del campo. El caballo, ahora ni asno —la vida es igual para todos—, diríase que lo mira a uno, con su boca entreabierta y los ojos ciegos.

Próxima al rincón, la casa de mi tío, de la abuela, casi siempre cerrada, para que no se oyeran las voces del abuelo. Dos más allá, la casa elegante de Catalina, propietarios ellos de tierras y olivares, con tres hijas gitanas y un hijo que también cojeaba, pero que se casó.

Catalina bajó del estrado en que había vivido toda su vida el día o la noche en que tuvo que casar a su hija mayor preñada, a cuya boda fúnebre acudieron todas las vecinas, como las últimas acompañantes de un reo. De luto riguroso —pobre chica—, como una bandada de pájaros en la oscuridad, Marías la Bute ellas que tanto la rechazaban, no daban crédito a lo ocurrido. En la puerta de su casa. De pie. Las cosas peores ocurren siempre delante de una.

Más arriba, más limpia la calle, las casas nuevas que habían construido los recién llegados, casas con grandes patios y adornos de madera en las puertas y ventanas que pronto el sol y la lluvia echarían a perder. En una de esas casas vivía Alfonsito, que nunca supe por qué lo llamaban así, con el ito, conocido de mi tío, alto, grande, fuerte, con una melena muy larga y anchas patillas. Alfonsito era un moderno —entonces se decía ye-yé—, con pantalones de campana muy prietos en la parte de arriba, donde se le marcaba el paquete, siempre con un disco bajo el brazo a modo de estudiante que nunca lo fue, un disco de Carlos Santana o de Pink Floyd que él prestaba a quienes se iniciaban en la música y el porro, como un cura rojo que enseña a sus feligreses el recto camino de la justicia.

Acabando la calle, dentro o fuera de ella, en esa tierra de nadie que era la carretera, la casa del muchacho rubio y cabello rizado, el protegido de mi tío, el alumno preferido que todo maestro de escuela quisiera tener, el último que abandonó aquella calle cuando ya la vida le había retirado el crédito, una calle llena ahora de los falsos hijos que son los nietos, invadida en los atardeceres del verano por grupos de gente de otras calles, extras equivocados de plató, actores secundarios, turistas ávidos de las nuevas sensaciones que todavía proporcionaba María la Bute, quieta como una estatua de iglesia en lo alto de su azotea, pues le había dado un aire o no sé qué cosa y el médico recomendó que no se la tocara.

Así, aquella calle otrora recoleta, calle-libro que guardó entre sus páginas los inteligentes amores de la hija de Catalina, ya menos espigada, los bandazos de María la Bute, el caballo de su siempre fiel enamorado, el revuelo que provocaban los pantalones de Alfonsito... se fue apagando al mismo ritmo lento e imperceptible con que se apaga la vida. En aquel plató que fue la calle de mi tío sólo se veía de vez en cuando una luz, la cabellera rubia de aquel muchacho que atravesaba la calle como una atracción de feria que se desmonta, y, sabedor de ello, se mudó a otra.

Cómo fue, cuándo, dónde...
También este sueño de hoy vino a visitarme un día, y me tumbó como ola gigante, y me arrastró hasta un fondo de sierpes, hasta un mar, hasta un océano azul en cuya más profunda sima dos sombras alargadas se besaban.

El abuelo, como el hermano clónico de Allan Poe, siempre nadando en alcohol, sumergido hasta el cuello en el infierno en que vivía, obligando a compartir con él ese lecho de espinas de los cristales de las botellas que contra la pared arrojaba. Luego, ahogado por completo, un abuelo reducido en tamaño y en fuerzas, sin ganas de hablar con sus hijos, un abuelo quieto en su sillón, encadenado por la artrosis, como una locomotora varada en la vía que exhala tristezas de humo del fuego que bebía.

Pero antes, un abuelo niño, como el tío, como yo, un abuelo en brazos de una mujer hermosa, señora, elegante, rica ella por ósmosis, pues rico también lo fue su marido. Sonríe al niño, ese niño que perdería prontamente su infancia, justo al tiempo en que perdía a su madre. Ausente ella para siempre, un hijo y un padre —la historia repetida— que no se soportan, atareado él en sus negocios del campo, aprendiendo el otro a nadar en las aguas sucias de las tabernas.

El abuelo señorito, heredero él de un nombre y apellido, de la fortuna que amasó el padre; un abuelo pálido en el cartón de la fotografía, vivo retrato de mí —dicen—, menudo el rostro, delgado el cuerpo, perdida la mirada en el objetivo de la cámara, o acaso perdida ya de antes y para siempre.

En las tabernas, en las mesas de juego, cortijos, fanegas de tierra, años y años de trabajo que se van a golpes de póquer. Los hijos, esa mano de obra barata de la que antes hablé, palian el desastre que se les avecina. Imposible. El abuelo arruinado ve monstruos. Bebe para no ver los monstruos y ve monstruos porque bebe. Los oros de la madre —polvo ya en el tiempo lejano de la fotografía—, las pertenencias de la abuela, todo va saliendo de casa en un intento de ahuyentar a los monstruos. Un abuelo enloquecido que asusta y amedrenta a mi tío. Desmayo de éste una noche de lluvia y truenos en que el abuelo hizo añicos la estantería con las vajillas del ajuar de la abuela. Sólo un susto, el médico. Hay que curarlo de madre. Procure tranquilizar a su marido.

Un abuelo borracho en la calle, vergüenza de hijos, transportado a la sillita de la reina a casa de la abuela por dos desconocidos. Un tiempo. Una época. Pasó todo. Ahora el abuelo no está. Se ha ido. En el ambiente de la casa flotan palabras que alguien quisiera haber dicho.

La paz que se le supone a la Plaza de Santa Ana se ve constantemente alterada por el ruido del tráfico. No molestan las palomas con su picoteo incansable, ni el anciano solitario que se sienta en un extremo del banco a ver quién le escucha. Molesta tan sólo ese incierto dolor en el corazón, esa imagen vaga y difusa de mi tío por estas tierras...

«Sé más feliz que yo.»

MADRID, 1.97...

*De
Madrid
adoro
las
aceras
plateadas
por
la
lluvia...
Y
el
sol
de
la
tarde
que
las
torna
en
oro...*

Madrid, Atocha, estación de estaciones, cuando las estaciones de antes se resumían en un intenso olor a orín, o reguero de caca de perro, o camino salpicado de migas de pan como para no perderse. Más tarde Bohigas hizo realidad su sueño onírico y convirtió aquel enorme retrete que era la Estación de Atocha en un palmeral estilo años veinte donde a uno lo más que se le ocurre es bailar el fox-trot y salir corriendo para no perder el tren de la vida.

Pero, durante un tiempo, fue la Estación de Atocha, oscura como una estación, con hombres con prisas que no van a ningún sitio y rostros apoyados en el quicio de las puertas como coches ante un semáforo eternamente detenidos.

El tío en la estación, arrastrando una maleta más pesada que él, cuya seguridad había reforzado la abuela ajustando un cinturón del abuelo por medio, como un vientre abultado cuya gordura queremos reducir llevando la hebilla al último agujero. Así, porteando aquella maleta o vientre con sueños de maleta, el tío atraviesa la estación como bosque lleno de animales feroces, coge el Metro, se pierde, pregunta, ¿nervioso?, tal vez, pero no quiere dar el gustazo a quienes no han confiado en él, quienes le auguran un pronto y definitivo regreso.

Después de unas horas —casi una vida para quien

empieza—, el esquelético tío desnudo junto a otro grupo de tíos desnudos (a quienes también se les supone un sobrino), esqueléticos y fuertes también, morenos y blancos, casi rojizos o del color del bronce arqueológico, friso de carne humana ante los ojos de un médico que da el visto bueno a la virilidad de aquellos candidatos a reclutas.

Y, como por arte de magia del maquillaje, otro tío, pelado, disfrazado, ajustado su cuerpo entre las ropas almidonadas o acartonadas del uniforme, gorro a la cabeza —responsable primero y último de su calvicie—, *cetme* al hombro, carreras, sudores —esos inútiles esfuerzos que jalonan la vida del soldado—, duchas en grupo, primera erección ante sus compañeros, yo no me ducho ahora, más tarde, y cuando todos se han ido de paseo, el tío convierte aquella nave que hace las funciones de cuarto de baño en su cuarto de baño particular, el cual ventila previamente, perfuma, y crea un ambiente propio de cuarto de baño con una radio apoyada en la cisterna del váter, mientras calma los dolores de sus pies, de sus hombros, de su cuerpo todo con el poco agua caliente que han dejado los anteriores salvajes y su frasco de polvos de talco que no olvidó meter en su equipaje.

Relajado, extasiado, el tío se ha quedado dormido, como acunado por el incesante goteo de un grifo.

Tres meses más tarde el tío jura bandera. Ya es un hombre, debió de pensar el abuelo. La abuela, que no pensaba nada, lloraba de emoción al ver a aquel puñado de arena convertido en montaña. Guapo, realzada la belleza con el uniforme de gala —no hay militar feo cuando va de gala, dicen las muchachas-cazadoras de los parques—, el tío más alto, más fuerte él también, uno más entre los suyos, lejanos, al parecer, aquellos días débiles de aquellos tres débiles juncos.

Hay un momento del día que es enteramente nuestro. El momento, no el día. Acaso sea un segundo, acaso menos; acaso menos que menos, imperceptible apenas: sonreímos a los rayos del sol; la lluvia que acaricia la teja nos hace sentir niños; a la planta olvidada le brotó un retoño y acudimos a celebrarlo frotándonos las manos. Eso es la vida, el momento, el segundo, menos que eso.

Sobre la mesa de un café, en el Círculo de Bellas Artes, frente a un cristal límpido como el ojo errante de la vida, contemplo la ciudad que se emblanquece por la nieve y las estatuas ateridas por el frío que caminan por las aceras.

En ese árbol de las especies de Darwin que es la gran ciudad —árbol o jungla, cloaca u hormiguero—, el tío encaramado en lo alto de una minúscula hoja, como gusano o proyecto de gusano —abandonada por siempre esa crisálida asfixiante que fue el hogar—, mordisquea el borde de la misma.

Las tardes de su primer verano en Madrid, tardes del Parque del Oeste y paseos por la calle de la Princesa; descanso obligado en la Plaza de España, fascinación por la Torre de Madrid y el Hotel Plaza. Cuerpos cansados que calman su sed en la fuente, dando la espalda al Quijote de Cervantes y a su amigo-escudero Sancho. Miran al Sur, al Paseo de Extremadura, como trinchera abierta para disfrute de los coches.

Mientras sus compañeros de cuartel —Ministerio del Aire, primero, Ejército del Aire, después, más tarde cualquier cosa, pero también del Aire—, intentan ligar con las hijas de los brigadas que se confunden con las hijas de los comandantes de Isaac Peral, invitándolas a los cines de Fuencarral o a un sandwich en Rodilla, el tío se ha hecho amigo de un libro que porta con elegancia en la mano y despluma bajo la sombra de las acacias. Un tío que descubre el universo mágico de la letra impresa, gelatina condensada de sentimientos.

Así, septiembre, el tío que reanuda sus estudios abandonados en el Instituto «Joaquín Turina» de la calle de Guzmán el Bueno, entre hijos de militares e hijos de los profesores de la Complutense, tío de uniforme en la clase porque dispone de las mañanas libres gracias a su puesto de ascensorista en el domicilio de los generales Alfaro Arregui. Más libros, más autores —esos amigos olvidados de los que uno de vez en cuando se acuerda—, solo pero en compañía, esa soledad exquisita que tanto nos reconforta.

Veranos, otoños, inviernos... paseos por Recoletos con el cuello de su gabardina vuelto, lectura en los salones del Ateneo y en aquella galería de rostros para el recuerdo, oscura ella y oscuros los cuadros como el tiempo que se los tragó, tazas de café en el Comercial y el Khuper, aproximación como animal asustado al Gijón.

Una tarde, bajo la luz cenicienta de las farolas:

—¿Me das fuego, por favor?

—No fumo.

—Bueno, ¿y qué hora es?

—Las ocho.

—Si quieres tomamos algo...

Dos ojos frente a él como dos trozos de mar azules, el tío que rememora aquellos días de estudiante en Córdoba ante la taza de un café compartido. Y ese pequeño vacío que ya empezaba a agrandarse dentro de él, se cierra durante un tiempo. El amigo, Pedro, otro nombre más en el archivo, otro bello rostro, pinacoteca particular de retratos en la galería interna de mi tío.

La única realidad posible es el sueño y la memoria.

De ese sueño, como juguete inerte y mecánico de la infancia, cuyo continuo oleaje deshace los perfiles geológicos de la vida.

Caro David:

Heme aquí tumbado sobre el papel, frente a ti. Hoy es domingo, V del tiempo ordinario, según el calendario religioso, astronómico y literario de Fray Ramón, ermitaño de los Pirineos.

Son las cuatro de la tarde y ya no haré nada hasta que llegue la noche y me acueste, para levantarme mañana temprano, siete menos cuarto, e ir a trabajar. Mañana será día laborable, suena extraño, ¿verdad?, aunque no para ti, que llevas años trabajando. Todo llega en este mundo y cómo no, el sudor de la frente también. Y yo no iba a ser menos. Pero no vayas a pensar que me estoy hundiendo; al contrario. A pesar de que todo me viene grande y ando despistado, estoy muy contento y poco a poco un nuevo mundo se va abriendo para mí. La gente es maja en el trabajo; el más joven tiene veintitrés tacos y está casado; los demás se acercan o sobrepasan la treintena. Ahí me tienes, cerca del cementerio, dispuesto a divertirme entre sus tumbas.

De momento ya cobré mi primer sueldo, veinte mil, que son las dietas de los siete días de enero trabajados. O sea, que voy a ganar un pastón. Ya veré qué hago con el dinero, cómo me lo gasto.

En lo que respecta al ocio, no he hecho nada en absoluto o casi nada. He leído algo, «La Sinfonía de los Veleros Varados», que me gustó mucho; ya te lo dejaré para que lo leas; he pintado un cuadro, ya lo verás. Ahora salgo de casa muy poco, pero a pesar de ello no me aburro. Con el tiempo me ambientaré, y tiempo me va a sobrar.

Me da la impresión de que esto es sólo un viaje de negocios, pues trabajo aquí pero apenas vivo. Me refiero a que me faltan todas esas cosas que antes me rodeaban en casa, mis lápices, mis libros, mis bolis, mis pinturas, un caballete, mis lámparas, mi máquina de escribir... En fin, en un futuro cercano espero reponerlo todo, por lo menos cuando tenga mi apartamento listo. He visto uno barato y majo; creo que me quedaré con él; tiene dos habitaciones y está en buen sitio; ya lo verás.

En realidad mi vida ahora se encuentra en un estado de recomposición, hilvanando hilos y cosiendo un traje lo suficiente-

mente fuerte como para aguantar un largo trecho, por eso no sé muy bien qué contarte. Te darás cuenta de que mis palabras son un poco insustanciales, pero es que mi mente hoy por hoy no da para más. Lo que deseo es que pasen los primeros meses y me sienta seguro. Hay que tener en cuenta que todavía están aquí mis padres y que el contrato contempla tres meses de prueba, tras los cuales puedo estar de nuevo vagando por ahí. En Semana Santa ya estará todo dicho. Yo creo que si sigo como voy ahora, todo llegará a buen fin. Este año, según el horóscopo chino, es favorable para el signo de la rata, y yo ante la cara de los chinos, soy una rata.

En fin, no sé qué más contarte. Ya lo haré en otra ocasión. Si me escribes, no olvides contarme cómo va tu carné de conducir, tus estudios, tu vida en cuartel, sobre las posibilidades de escapadas a la costa, a ésta...

Desde la lejanía y esperando tu papelucho letrado, me despido. Un abrazo.

Pedro.

Me he acercado hasta un Retiro nevado, retiro retirado o en desuso, sólo penetrado por los intrépidos caminantes que nada tienen que perder con el frío.

No hay mejor vida para uno mismo que la vida de los demás. Esa vida, como tierra prometeica, que tanto nos satisface del otro. Pues, no en vano, somos lo que recordamos o lo que nos recuerda.

Como los hijos que nunca tuvo Marcel Proust, Pedro y mi tío, en busca de ese tiempo perdido que a ellos todavía les tenía que llegar, recorrieron el Madrid literario y el Madrid poético, el Madrid de los Borbones, tras los pasos de Rubén Darío y Machado; el Madrid de los Austrias, siguiendo la estela de la capa de Quevedo o la nariz de Góngora; el Madrid romántico de Zorrilla y Larra, asomados ellos al Viaducto de la calle de Segovia, guillotina suave para quienes deciden poner fin a sus días. Fueron también barojianos en las corralas de Lavapiés y Embajadores —esa calle larga y con olor a pan que tan escueta y magistralmente definió el médico vasco—, y un poquito chulapas en los jardines de las Vistillas y en la Ribera de Curtidores.

Juntos diseñaron un mundo, como el mundo de la infancia de mi tío con sus dos amigos ya casi olvidados —pues el mundo se adapta a uno, no uno al mundo: de lo contrario se desaparece—, y empezaron a escribir sus sentimientos como interminable carta a los Reyes, sentimientos nunca aclarados del todo, entre los que de vez en cuando se mezclaba, como una pavesa proveniente de algún lejano rastrojo, la figura morbosa o decorativa de alguna extraña muchacha.

El tío, ya para cuatro años fuera de la casa de la abuela, acabado el bachillerato y empezada la carrera —mamut adaptado a las condiciones del tiempo, criatura de Darwin proveniente de la última glaciación familiar, marsupial que cojea pero que busca un hueco en el mundo en que vive—, dejó las literas del cuartel y alquiló un piso compartido en la glorieta de Bilbao. (Literas como norias que se balanceaban en la noche, casi siempre las de arriba, cuerpos de soldados que se retuercen ante el placer solitario de la masturbación). De este modo el tío ya dispuso de sus noches —quien no dispone de sus noches, dicen, vive sólo media vida—, y compaginó estudios y trabajo en el cuartel, y tuvo una habitación para él solo —ay de quien no la tiene: quien no tiene una habitación para sí es como quien no tiene espejo en el que mirarse—, y la fue decorando con aquellos objetos que luego yo recibí, como los restos de un soldado muerto en el frente, cubierto su ataúd por una bandera de terciopelo que él había comprado en una de sus visitas al Rastro.

Aparecieron más amigos o compañeros de estudio, o amigos de los amigos, que ya se sabe que también son amigos, y en alguno de ellos ese cojear imperceptible que se manifiesta en la mirada. Y una noche de sábado las aguas de la calle de Hortaleza se desbordaron y sus cuerpos fueron arrastrados hasta la calle de Pelayo, embrión del barrio de Chueca, paraíso o gruta todavía inexplorado por mi tío.

Y cuando parecía que todo iba sobre ruedas, es un decir, los estudios, el trabajo, los amigos, las inquietudes literarias —toda inquietud debe ser compartida, como el amor, pues de lo contrario no es inquietud, sino defecto—, Pedro, ese amigo a medias de mi tío, con el que mi tío siempre quiso algo más de lo que éste le dio, abandona Madrid y se traslada a Tarragona por motivos laborales. Una ventana más que se abre o que se cierra, que se abrió al principio y se cerró al final, breves estancias en Tarragona, algún paseo por Reus, dos cartas como legado —testamento insuficiente para quien sólo quería amor—, y un cuadro pintado al óleo que colgó durante algún tiempo de las paredes de la habitación de mi tío, pero que más tarde la abuela mandó empaquetar y que ocultó tras alguno de los innumerables bultos que compartían con nosotros aquella casa.

Hay quien dice que la vida es un libro y que hay que pasar la página cuando ésta se ha leído. Creo que eso fue lo que hizo mi tío, aunque me consta que no sin dolor.

Te he buscado en todos los hombres que he amado.

Hoy me he levantado temprano. Ya sabes que los domingos me gusta madrugar y dar un paseo por Fuencarral hasta llegar al Khuper. Allí desayuno por segunda vez y hojeo el periódico dominical mientras contemplo cómo la ciudad se despierta. Hoy la gente ha tardado en reaccionar, pues dos días de lluvias consecutivos, después de la prolongada y nunca bienvenida sequía, parecen más bien un milagro que una borrasca del Atlántico. La otra tarde un individuo instaló su chiringuito en medio de la Plaza de España y vaticinó lluvias para la Península Ibérica. Lo hacía con inmensas nubes grises por encima de su cabeza. Y el invento funcionó, claro. Algunos hemos pensado en aquella hazaña desde entonces, y los más escépticos, como yo, no acabamos de entender cómo existe todavía gente que sigue creyendo en los augurios y en los auspicios. La cuestión es mucho más simple. Dos y dos son cuatro y no hay más vuelta de hoja.

Leo los titulares del periódico mientras caliento la palma de mi mano derecha en la taza de té. La verdad es que nadie pensaba que el invierno iba a llegar así, de pronto. A muchos nos ha pillado de improviso y nos hemos visto obligados a sacar deprisa el abrigo apolillado que guardábamos en el armario. No nos ha importado un comino, pues hemos salido la mar de contentos a la calle a lucir nuestras prendas de invierno.

Bien, pero esta mañana no ha llovido. El cielo se ha mantenido ligeramente gris, mostrándonos, a ratos, el azul intenso de un Madrid desconocido; y las nubes han ido y venido, como jugando.

Desde la cristalera del Khuper veo la calle. Y veo cómo las hojas secas de los árboles ondean al viento. A veces he pensado que nuestras vidas no se diferencian en mucho de esas hojas secas que el otoño mueve a su antojo. Nos hemos hecho mayores y, sin embargo, todavía seguimos aferrados en buscar nuestra infancia perdida. Somos muy pocos quienes miramos hacia el futuro. De pronto, pensamos, hemos cambiado. Pero en realidad no ha sido de pronto. El paso de los años, veinte, treinta, o quizá más, ha ido modelando nuestra imagen, nuestro rostro de niño tierno, nuestras manos flacas y nuestros músculos enclenques. Por dentro también hemos cambiado y tampoco ha sido de pronto: el maestro de escuela se fue; luego vinieron otros compañeros y nuevas amistades; alguien nos llama por teléfono y una tarde de sábado decidimos quedar: nos hemos enamorado, también de pronto, pero en realidad ha sido de una manera minuciosa y cándida.

Sobre las dos de la tarde regreso a casa y ayudo en la comida. Limpio el hule de la mesa del comedor y distribuyo los platos y los cubiertos. Luego nos sentamos a comer y saboreamos la sopa que nos nutre en invierno. La tele nos aparta y hace que cada cual dé lo mejor de sí a la pantalla. Extasiados, sorbemos el café de la tarde y luego nos retiramos a nuestros cuartos.

El cielo se ha nublado. Siento algo extraño dentro de mí. Enciendo un cigarrillo, conecto la radio y olvido. Pero no puedo. El teléfono hoy tampoco suena. De pie, al lado de la ventana, veo a través de los cristales empañados cómo las aceras se humedecen. Levanto la mirada. Está lloviendo sobre Madrid. La gente, presurosa y aturdida, corre a refugiarse en sus casas. Una pareja se abraza bajo el paraguas mojado. No cesa de llover y yo, resoluto, cojo mi gabardina, mi paraguas, y me lanzo desesperado a pasear bajo la lluvia.

Cuando paseo en estas condiciones suelo hacerlo de una manera rápida, para no dar la impresión de estar preocupado. No es que la gente me importe demasiado, pero me molestan, no obstante, las miradas indiscretas de algunos transeúntes pacíficos. Me gusta, sin embargo, detenerme en las esquinas, y dejar que el chapoteo de la lluvia cale mis zapatos. Sé que todo esto es muy romántico y que en un mundo como el nuestro, debilidades de este tipo ya no se llevan. Pero quién, en el fondo de sí, no guarda alguna reliquia del más puro romanticismo.

Ahora regreso a casa. Es de noche y la lluvia ha cesado. Me acuesto sobrecogido de una infinita tristeza que quisiera transcribir a mi cuaderno de notas. Es tarde, digo, a modo de disculpa: mañana es lunes, hay que trabajar y nadie sabe qué nos deparará la semana entrante. Cierro los ojos. Quiero dormir pero no puedo. Hay algo extraño dentro de mí.

Para los corazones heridos como el mío, el único remedio adecuado es la sombra y el silencio. Pero aquí el silencio es imposible porque el viento constantemente acaricia la roca y entona una bellísima canción.

Aquel invierno la gente hablaba del frío, del frío que hacía en León, en Europa, en Ávila, en esos pueblos de los que nadie se acuerda sino cuando hace frío. Yo me acordaba de ti, del frío que yo sentía dentro de mí sin tenerte. Aquel invierno, en verdad, hizo mucho frío...

Muy David:
Te merecías una imagen; te merecías mil palabras; dudo que alcance tal cifra, pero sé que tú llegarás a leer tal número.
Recibí tu carta con gran emoción, aun después de haber hablado contigo por teléfono. Por un momento quedé empapado de recuerdos gratos y siempre cercanos, a pesar de la distancia y los días pasados.
Descubrí en ti cierto olor y sabor a Madrid, ése que hemos vivido juntos. Ese aroma de café, de tazas blancas, de cero grados bien arropados. Ese sabor a fantasías de dependiente, a locuras de vieja chismosa y poesías de amor, la voluntad. Y tú, como yo, embarcados en la elegancia de este continuo viajar que nos separa y nos acerca al compás de las convulsiones del corazón de la vida.
Me ha costado mucho enzarzarme por los abruptos peñascos del papel. Al final he alcanzado la falda de esta blancura por la que siempre he sentido una devoción mitológica. Por ella han paseado grandes hombres, y nosotros entre sus huellas.
Debes comprender la tardanza. He estado nadando en un mar

de olvido. Olvidado de mí mismo, he deambulado por un mapa de cartón: el cartón de la carpeta de estas hojas. Un cartón que nos ponía a más de quinientos kilómetros, a más de mil palabras.

Rompí un quieto equilibrio con un trepidante fin de semana en Barcelona. Entonces todo cambió un poquito grande, una pizca enorme. Me di cuenta de que seguía vivo y tardé una semana en volver a mi tumba de colores. En ese tiempo lo pasé muy mal. Pero ya pasó todo y es posible que repita este viernes próximo. Y espero controlar los efectos.

Poco a poco me voy desinflando. Mucho me temo que muchas de «esas palabras» se quedarán en mi mochila y tendré que acampar a media ladera.

Mientras monto la tienda me voy despidiendo. No más que decirte que estoy bien, más bien bárbaro, espléndido, pletórico. Hablarte del mar quisiera, pero se mojaría el papel entre sus olas. Que está tranquilo, que está tranquilo. No te digo más: ya sabes que «él» te espera.

Bien clavada a tierra la lona que me cubrirá hasta otras nuevas, desde las mantas voy a hacer que tus manos doblen este papel y que tus ojos miren al frente. Sea como sea, la distancia que nos separa, también nos unirá. Simplemente muy...

Pedro.

¡Dios, cómo echo de menos los colores!

Los barrios...

Los barrios, los arrabales...

Los barrios, los arrabales, como los hijos bastardos de la ciudad, los primos pobres que asustan y avergüenzan a nuestros invitados. Los barrios, siempre al Sur, imaginando desde sus balcones los pueblos que abandonaron. Barrios surcados por vías, barrios escoltados por antiguos cementerios, barrios vigilados por el faro apagado, chimenea en desuso de la fábrica de cemento o metalurgia: barrios sitiados.

Pasear por los barrios, el borde, el límite de la desolación, sentirse barojiano en los Carabancheles, restos de un pasado incrustado en el ladrillo visto de los edificios. Uno, por los barrios, difícilmente encuentra las cabelleras rubias de la calle de Serrano, ni los ojos blancos de transparentes y puros, ni el uniforme escolar que los aniña, ya hombres ellos que se masturban en los servicios. Por los barrios aparece como animal salvaje en medio de la selva un torso bronceado al sol de las calles de Zarzaquemada, o unas piernas herederas de las columnas de Hércules, fuertes a base de andar por las afueras que ya es el núcleo de Parla. Jóvenes de barrio, afluentes que desembocaron en el río del Aeródromo Militar de Cuatro Vientos, pintores, albañiles, chapistas, donde mi tío, ya ascendido, realizaba las pruebas de mecanografía a quienes querían probar por unos meses el sabor dulce del trabajo en oficinas.

Entre todos esos animales de barrio —corazones más puros no los hay—, jóvenes soldados que pasaron con mi tío una mili dulce, refugiados entre los muros del juzgado, mecanógrafo él de cuando su crisis de adolescencia, maestro ahora de principiantes en el tecleo de la máquina, escogidos por su belleza o por su cuerpo, siempre grata la compañía de un ser hermoso cuando se ama la hermosura de la vida.

El tío, admirado y respetado por sus reclutas, con los que trata, dialoga, se detiene; el tío, también admirado por sus superiores, quienes valoran su capacidad de trabajo y orden en la oficina; un tío que no da que hablar, como Guadiana desaparecido, sexo aparcado, sentimientos que se controlan.

Pero así en la tierra como en el cielo, así en las escuelas como en el ejército, el final de curso, las despedidas, la licencia, «la blanca», que dicen ellos, el apretón de manos, no del cuerpo, ni siquiera el beso que se desea, rostro nuevo en la oficina, volver a empezar... Como hojas de calendario en que los soldados tachan los días que les quedan para salir, así mi tío, pero en proceso inverso, anota el nombre junto al día en que se fueron: Joan, Santiago, Basilio, Rafa..., todos con sus mínimas enseñanzas de futuros e imposibles mecanógrafos, todos lanzando la flecha como experimentados arqueros en la diana abierta del corazón de mi tío.

Luego, lo de siempre, te llamo, ya me pasaré por aquí, no creas que voy a olvidarte tan pronto, eres un tipo de puta madre y me gustaría seguir contando contigo, vale, cuando tú quieras...

—¿Dígame?

—Hola, soy Rafa.

Varios meses después de su licencia, abandonadas las teclas y los papeles que se amontonan en los armarios, vuelto a las cajas de verduras que lleva de un lado a otro del mercado, Rafa, el pelo largo y teñido, admirador de Spandau Ballet, discotequero, algo macarra en su forma de vestir, entrega a mi tío, en el piso compartido de la glorieta de Bilbao, el cuerpo con el que siempre ha soñado.

Tal vez esto pudiera ser la escena final de una película: yo estoy sentado en un café. La gente pasa. La vida desfila ante mí.

Besé unos labios que no eran los tuyos. Tomé veneno por ti. Ahora ha pasado el tiempo, y todavía no puedo apartar de mi boca ese sabor entre dulce y amargo que no pudo sustituir al tuyo.

Ante todo, y no es por cumplido, jamás me habían escrito como tú lo has hecho; hasta ahora todas las cartas me parecían algo rutinarias y de compromiso, algo muy superficial y para salir del paso. Tú, en tu carta, igual que siempre, intentas buscar algo más, adentrarte en terrenos que ni tú mismo conoces, ni yo, ni nadie. Mi carta no va a ser ni mucho menos como la tuya; sé que nunca lograré estar a tu altura literaria, pero dentro de mí crecen también cantidad de cosas, de sentimientos, de inquietudes, que quizá no sobresalgan tanto como los tuyos, porque yo no sé decirlos o porque no quiero decirlos.

Me dices que me envidias y no sé por qué; yo no soy feliz, David; aunque no lo parezca, aunque seguramente lo disimule mucho mejor que tú, entre otras cosas porque no me gusta el papel de mártir, o porque por mi orgullo, mi egocentrismo y todo lo que tú quieras, no me permiten reflejar a nadie ni mostrar a nadie toda mi debilidad, toda mi impotencia.

Me daba un poco de miedo escribirte, porque tú no me consideras sincero, pero me he decidido a hacerlo para poder decirte, dentro de mis limitaciones, algo que jamás te he podido decir a la cara, no sé por qué. Empezaré por decirte que quizá tenga en ti a alguien que no he tenido en mi vida, pero no sé si esto me ha ayudado o me ha perjudicado, y que esta frialdad o lejanía que a veces muestro hacia ti, no es más que puro miedo, sí, miedo, pero no a ti, sino a mí. Cuando me encuentro contigo parezco otra persona (soy otra persona), y no sé cuál es la verdadera. Te voy a confesar una cosa: muchas veces te he castigado, te he tratado mal intencionadamente, me he recreado en ti, y eso me divertía, y la razón quizá fuese que pagaba contigo otras situaciones ajenas a ti. ¿Por qué las pagaba contigo? No lo sé; quizá tú tengas en eso mucha culpa, porque has hecho de mí un objeto, un juguete, un recuerdito más de los que guardas en tu habitación y que, como cada uno de ellos, tengo un valor, más o menos importante, pero un valor; sin embargo, no me dejas de considerar por ello un cuerpo, una cara, un muñeco, y yo no quiero ser un muñeco, bueno, a veces sí, a veces me divierte esa situación, y la exploto, y te provoco y te incito (o excito), para luego darte el palo. Lo siento, de verdad; muchas veces me he arrepentido de ello, pero no te puedo asegurar que no lo vuelva a hacer... Pero te repito que mucha culpa la tienes tú, porque detrás de este cuerpo, de esta cara, dentro del muñeco hay alguien que quizá sea lo peor del mundo, o lo más vulgar, o uno más, o algo raro, pero en definitiva alguien que tú siempre has ignorado para recrearte en la cáscara y convencerte a ti mismo de que el cerebro y el corazón eran cosa tuya, patrimonio exclusivo tuyo, porque tú eres el único que siente, que sufre, que llora, que ama y no vive...

Eres un ser extraño, David; a pesar de todo lo que estoy diciendo, ejerces sobre mí una influencia que jamás entenderé; no sé realmente lo que siento hacia ti, a veces he pensado mucho en esto, pero no sé si te quiero o te odio, lo que sí sé es que no me eres indiferente. Pero no sé si eres algo bueno o algo malo. Cuando estoy contigo me siento de una manera muy especial, parezco más fuerte, más poderoso, y eso me gusta, pero no sé si es bueno, y no es que me preocupe mucho qué es lo bueno o lo malo, pero luego me siento confuso y mucho más indeciso, y de ahí lo que antes te decía de ese miedo, de esa lejanía, de esa frialdad... Escribir esto último me ha recordado que tú, como siempre, pensarás que no estoy siendo sincero, que lo que digo sólo son palabras y nada más, y jamás en mi vida he hablado a alguien como te hablo a ti, bueno, no sé si te creerás algo de esto, pero me conformaría simplemente con que te quedara la duda.

Esto no es un juego más, David, porque a veces lo ha sido (perdón de nuevo); de lo único que estoy seguro es de que no quisiera perderte, y no sé por qué, sinceramente no sé por qué, sólo te pido que me des más tiempo para saber en realidad cuáles son mis sentimientos hacia ti, pero, por favor, créeme cuando te digo que eres algo importante para mí, aunque a veces te rechace o te huya... es porque no quiero descubrir todavía cuál es mi verdad. David, eres para mí mucho más de lo que tú crees; sé que no es bastante para ti, pero así siempre tendremos de qué discutir. Me gustaría que volvieras a escribir.

Rafa.

A los amigos perdidos de la infancia, extraviados, en qué pliegue de nuestra rugosa memoria escondidos, los encontramos luego en el cementerio, una de esas mañanas de sol y azul, de hielo y frío, en que salimos a pasear como buscando algo.

El Obispado de Canarias, de altos y recios muros y deteriorados patios donde se custodia la fe. Se respira en el ambiente un fuerte olor a sexo imposible.

La carta de Rafa llegó al pueblo a finales de julio, coincidiendo con las vacaciones de verano de mi tío. Por aquella época mi tío recibía abundante correspondencia, cartas, postales sobre todo, saludos de los amigos que inmortalizaban con la fotografía sus días de añoranza.

Mamá dice que a aquella carta no se le dio demasiada importancia, pese a que el tío anduvo los días siguientes dubitativo por la casa, sombra de sí persiguiéndose a sí mismo, alejado del frente de batalla. Pero tanto mamá como la abuela supusieron que el contenido de aquella carta era importante, de ahí que mamá se interesara por el estado de ánimo de mi tío, y la abuela por el lugar en que éste la había escondido. Un día, mientras hacían las camas, la carta cayó al suelo de entre el colchón y el somier, donde mi tío la había guardado. La abuela la leyó, pero fue incapaz de comentarle nada a mi tío. El tío se marchó de nuevo a Madrid y el asunto parece que quedó olvidado.

Lo que en realidad entristeció a mi tío no fue la separación temporal de Rafa, ni el contenido de la carta, sino el tener que reconocer que mi tío lo había menospreciado. Lo había infravalorado, sin duda. Un muchacho sin estudios, de barrio, amante de las discotecas... un muchacho vacío, como se decía antes. Pero tras la cara bonita de Rafa, que la tenía; tras aquel cuerpo mil veces soñado e imaginado —cuerpo expuesto en las vallas publicitarias de las carreteras, sueño compartido—, el tío había pasado por alto los sentimientos inherentes a toda persona, sean éstos similares a los nuestros o distintos.

La relación entre mi tío y Rafa duró más de lo que ninguno de los dos hubiese previsto. El tío conoció a su familia, pasaba alguna tarde de sábado en Carabanchel con ellos, ayudaba en sus estudios a la hija pequeña... se instalaba como uno más en el grupo, a sabiendas de que nunca pertenecería a él.

Un día Rafa le presentó a su novia, y el tío hizo de tripas corazón y se prestó a jugar al juego que Rafa quería. Rafa follaba con su novia y luego jugaba con mi tío, lo martirizaba. Antes de que nadie se diese cuenta, la novia quedó embarazada y Rafa se casó. Alquilaron un piso en Fuenlabrada y entre la distancia y la decepción —¿mutua?—, la relación entre ellos se fue deteriorando.

Cuando nació la hija, la pareja se vino abajo y acabaron separándose. Rafa volvió a casa de sus padres y llamó de nuevo a mi tío. Mi tío acudió junto a él, pero los apenas seis meses transcurridos habían sido más que suficientes para cambiar el curso de sus vidas. Mi tío siguió con sus estudios en la Universidad, alejado un poco de todo, aunque de vez en cuando bajaba a beber a la fuente de Chueca, solo o en compañía, conocidos ya los senderos que surcaban aquella jungla. Los porros con los que Rafa intentó impresionar a mi tío durante su estancia en el cuartel, primero, o en los bares de Malasaña, después, cuando salían algunos viernes, habían dado paso ya a las pastillas, a la coca... esas sustancias que uno no entiende muy bien para qué sirven.

El yo controlo, sabes, yo controlo, que mi tío se sabía de memoria, seguía siendo la frase preferida de Rafa, que ya no controlaba tanto.

Olvidado el cuerpo y la cara bonita de Rafa, mi tío intentó

ayudarle en la medida de sus posibilidades. Ahora lo llamaba más a menudo, pero cada vez lo encontraba menos en casa. La madre, las hermanas, no está, anoche no vino tampoco a dormir. La madre, desde que salió de la mili ya no es el mismo, y luego esa boda, el embarazo, si yo pensé que mi hijo ni siquiera fumaba...

Algún tiempo después Rafa empezó a formar parte del Proyecto Hombre, el agua hasta el cuello que lo ahogaba. Mi tío se entrevistó con la doctora que lo atendía y fue autorizado a visitarlo.

Pero aquel Rafa, como su madre decía, tampoco era el Rafa que mi tío había conocido. Un Rafa como abotargado por las drogas o el tratamiento, unos ojos hermosos reducidos a su mínima expresión, una mirada, en qué punto perdida, en qué días de aquellos días atrapada...

Desde Martín de los Heros a Princesa, quinientos metros, no más, los últimos que anduvieron juntos. Cuando Rafa y su madre se perdieron por el túnel del Metro de Argüelles, mi tío comprendió que también en ese túnel se perdían las últimas esperanzas depositadas en aquel muchacho. Alguien falló. Yo creo que mi tío tuvo mucha culpa de que ese barco se hundiera. El embarazo, la boda, los porros y todo lo que vino después, ¿no eran acaso avisos para mi tío, llamadas de socorro reclamando su atención? Ocupado en su trabajo, más ocupado aún en sus estudios, mi tío fue incapaz de darse cuenta de que aquel cuerpo que en realidad ni siquiera amaba tenía algo dentro de sí reservado para él, pero que el tiempo secó.

Hay todavía en la Estación de Atocha, detrás del Edén, algo parecido al Infierno. Han dejado como un reducto, como un recuerdo de humanidad por el que las cucarachas del extrarradio pasean a sus anchas.

Rafa ha venido hoy. Tú no sabes quién es Rafa. Yo sí. El hecho de que haya venido o no para ti carece de importancia. Para mí no. Es lógico. Pues eso. Rafa ha venido hoy y nos hemos acostado. La verdad es que solemos hacerlo desde hace tiempo. Basta con que él venga o me llame por teléfono y me pregunte en clave la hora o el día en que estamos para darme a entender que vamos a acostarnos. Luego todo es muy simple y lo sabes de memoria. Primero él me acaricia o yo lo acaricio a él. Luego yo lo desnudo o él me desnuda a mí. Nos besamos con suavidad para a continuación descargar toda nuestra fuerza en el acto.

Nuestros cuerpos se enredan como madreselvas enloquecidas y después de un breve instante de euforia quedamos extasiados con la mente en blanco. Ya te dije que todo esto es muy simple. Basta con que dos cuerpos se deseen y uno de los dos carezca de afecto para convertir este acto en una ceremonia sin importancia. Otra cosa bien distinta sería si entre estos dos cuerpos anidase el amor. Pero el amor no existe, y menos aún entre Rafa y yo.

Perdido entre el olor de los libros de la Librería Archipiélago, nada más embriagador que el olor corporal de un niño y el perfume rancio de las páginas de los libros, obras de viejos como jugos de vida, no esos libros obras de adolescentes como embarazos no deseados abocados al aborto tras la primera edición.

Las despedidas de soltero, los campos, los árboles, la sombra que dan los árboles, el vino, el calor que provoca el vino... Las despedidas de soltero eran la ocasión única e inmejorable de ver el miembro fuertemente sexuado del que se casaba, de tocarlo, de manosearlo, de desearlo eternamente como juguete preferido de la infancia... A las despedidas de soltero iban todos, los que se casaban y los que nunca se casarían, como observadores de las rebajas, sabedores en el fondo de que algo se traerían para casa. A las despedidas de soltero nunca fue mi tío, pero sí los hombres como monstruos de los que nunca se dudaba.

Al trepidante ritmo que marcaba Rock-Ola —Rock-Ola fue durante un tiempo el corazón que dio vida a la centelleante Madrid—, siguieron luego tardes de música y pausa en los cafés del Dos de Mayo —esa plaza a la que el ayuntamiento se obstina en lavarle la cara, como una madre que viste a su pequeño travieso de blanco pensando que así lo transforma en ángel. Primero con Pedro, luego sin él —con otros que nunca pudieron sustituir a Pedro—, el tío platicaba con sus nuevos amigos de la Universidad, al tiempo que escribían un guión cinematográfico sobre el mármol amarillento del Café Manuela y sobre las mesillas bajas de La tetera de mi abuela. Eran días de cafés y de tés, días de invierno aunque hiciese calor, días de Filmoteca cuando la Filmoteca estaba en Príncipe Pío —luego pasó a Bellas Artes y desde entonces la Filmoteca se perdió: ni siquiera el Cine Doré, con el rococó de su fachada, pudo reanimar a la agonizante «Filmo»—; días y noches buscando no sé qué cosa —esas cosas que busca la juventud—: señas de identidad, impronta que quedase marcada en el rostro de aquellos días.

De aquellos días, también, el Rincón del Arte Nuevo, con Elena la bella y Lola la roja —esas chicas sin nombre, aunque luego alguien con nombre, y sólo nombre, las intentase clasificar—, y un puñado de chicos que no eran ni chicha ni limoná, chicos a la espera o esperando, indecisos *giocondos* de Umbral que no se atrevieron a montarse en ningún tren.

Allí estuvieron, están, Rafael Amor y el loco de su vía,

Muriel sobre los tejados de Valladolid, Noel Soto, incombustible, atractivo entonces, provocador de no sé qué extraña sensación ahora; todos cantando esas canciones que ya nadie escribe, todos quietos, reclinados, con la *Coca-Cola* en mano, mientras el mundo giraba afuera.

Aquellas generaciones perdidas o extraviadas, vagabundas de los cafés y los cines, solitarios del Alphaville, siempre, y luego del Renoir, diez años, hombres con libro en mano y mujeres con bolsas de El Corte Inglés, amigos de Fassbinder y de Bergman, familiares de Woody Allen, pedigüeños de un poco de felicidad a los que la vida no comprendía. Aquellas generaciones se dispersaron como bandada de pájaros en temporada de caza, y corrieron a refugiarse en no sé qué nidos de los que siempre habían renegado. Elena la bella se casó y tuvo hijos en tierras del Alto Extremadura; Lola la roja anduvo de aquí para allá, de ambulatorio en hospital, de hospital en clínica, donde trabajaba, hasta que un buen día se fue a echar una mano en Cuba; los chicos, los *giocondos*, cambiaron para siempre el Madrid afrancesado y de los Austrias por el realismo puro y duro del barrio de Chueca, arrastrando con ellos a mi tío; Pilar y Marga, como las ninfas devoradoras a las que Umbral apetecería, se sumergieron en los túneles del Metro, taquilleras ellas o jefas de estación, como divas retiradas del *star-system*.

Aquellos días, a los que Sabina puso música y letra, quedaron atrapados para siempre en el álbum de fotos que la abuela hojeaba como una extraña revista.

De los amores prohibidos, de esos amores a los que ahora ya se les da nombre: amores de mujer con mujer, de hombre con hombre.

Su madre había muerto olvidada o quizá olvidándolo. Era invierno y la moribunda recordó aquella lejana tarde, víspera de Nochebuena, en que conocieron al intruso. Como entonces, la ciudad estaba fría y distante y en la casa se respiraba ese extraño olor de las iglesias que precede a los entierros. La criada estaba sentada junto a la cama, inmóvil y sumisa como una estatua hecha para las ocasiones. No cesaba de llorar y la señora se retorcía en un intento de quejarse ante tanto llanto:

—Si no lloro por usted, señora, que la muerte es inevitable, sino por el señorito, por lo solo que se queda.

Hacía tiempo que no lo mencionaban. Simulando las grandes epopeyas, los grandes pasajes de destierro de nuestra literatura, su nombre había sido prohibido y todas sus pertenencias confiscadas. Guardados bajo llave, todos los libros y revistas del muchacho se apolillaban en uno de los desvanes de la casa. Y no sólo el papel que conforma el libro, sino también las huellas impresas en él mientras lo leía. De esta forma se borra el pasado, no de otra, que la razón tiene sus trucos.

Llegó un momento de la noche en que la moribunda sudaba como un animal próximo al degüello. Con la mano crispada se agarró a la sábana y, enroscada a ella, cayó al suelo. El momento final era inminente, pero antes se hizo incorporar por la criada y le susurró algo al oído. Quería, sin duda, decirle la última palabra, su última voluntad, simulando las escenas trágicas de la vida. Pero la vieja se negó a admitirlo y contrarió con su cabeza los últimos deseos de la moribunda. Blanca, pálida, fuera de sí, víctima de un éxtasis fugitivo, la mujer que se iba aún tuvo fuerzas para golpear con su mano de hueso la mesilla de noche donde una foto del muchacho había sido ocultada por los tarros de las medicinas. La tiró al suelo, se rompió el cristal y la mujer cerró sus ojos reposados. Se había cumplido su deseo: no deseaba mejor destino para él que el que tuvo el intruso.

La criada la miró con esos ojos de perro con que observamos a la muerte —¿o es la muerte quien nos observa a nosotros?—, y procedió meticulosamente a preparar la mortaja. En realidad, aquel acto no se diferenciaba en nada de cuantos había realizado a lo largo de su vida: barrer y fregar las escaleras primero, preparar la comida después, airear los cuartos y por último poner sábanas limpias sobre las camas... no habían sido sino escalones sucesivos por los que había ido subiendo hasta llegar al último peldaño de la escalera y meter a la muerta en la caja para que otros se encargaran de su entierro. Con esa clarividencia de la vejez, pero también, y, al mismo tiempo, con esa mala gana con que nuestro cuerpo nos obedece al cabo de los años, se llevó las manos a la cabeza y se dijo para sí es la vida, mi señora, siempre tan opulenta, pero en el momento más necesitado carente de atributos.

Como pudo, trasladó el cuerpo sin vida de su señora del suelo a la cama. Lo desprendió del camisón sudoroso, manchado, maloliente, y lo dejó desnudo mientras se fue al baño en busca de una toalla. El cuerpo se había relajado todo y los músculos laxos se extendían a lo largo y ancho de la cama. Aquellos pechos secos y caídos habían perdido para siempre el color rosado por el que un día fueron codiciados; aquellos labios en sí casi perfectos se habían paralizado en un rictus de dolor y habían cedido de la línea recta y precisa a la curva escandalosa y tosca de la sonrisa fingida; y qué decir del vientre, en un tiempo indeciblemente fértil pero que los avatares de los días habían convertido en un terreno yermo donde ya nadie más volvió a plantar semilla alguna.

La criada volvió al instante y con una toalla humedecida le restregó el rostro. Lo mismo hizo con el resto del cuerpo, pero se detuvo pensativa cuando, a través de la toalla, sus dedos llegaron a acariciar la suavidad de aquellos senos enflaquecidos. Los mimó con el paño, con el mismo esmero con que abrillantaba las piezas de bronce, y, creyendo que lucían, los besó en pleno aturdimiento. La muerta no reaccionó y ese silencio se le antojó asentimiento y se desprendió presurosa de algunas prendas. Al cabo de un rato mecía a la muerta con la misma ternura con que mecemos al hijo no concebido y la besaba por todo el cuerpo: en la boca, en los senos, en ese vientre maldito y en esa parte baja del vientre donde se esconde la magia.

Tres días duró el hechizo, luego de los cuales la criada abandonó el cuerpo con la soberbia del muchacho que se harta de su juguete. Como aquél, se olvidó del cuerpo durante un tiempo y sólo el olor putrefacto con que nos saluda la muerte la hizo caer en la cuenta de que aquello ya no tenía remedio. Alarmada, avisó a las vecinas, llegaron todas juntas y unos amables caballeros trasladaron el maloliente cuerpo a mejor sitio. Aireó las estancias, perfumó los muebles y se sentó en un acuoso sillón con el pesado volumen del guerrero victorioso. El contrincante había caído, mas reconoció haber amado en algún tiempo a aquella señora. La amaba a su modo, es decir, al modo prohibido; y la odiaba a su modo, o sea, al estilo con que todas las mujeres se odian mutuamente.

Afuera la ciudad dormía. Desde su mayestático sillón divisaba las luces de los altos edificios y pensó para sí que todavía había tiempo. Pero recordó la carrera del esclavo en busca de su libertad y cómo éste perece en el camino. No de otra guisa la muerte nos avisa sino cuando estamos viviendo; no de otro modo se nos amputan las manos sino cuando las necesitamos; no de otra manera se nos retira al amado sino cuando caemos en la cuenta de que sin él las cosas carecen de importancia.

Y rememoró, por qué no, esos días felices de esclavo junto a la señora y al muchacho. Como éste, ella también había fingido y ocultado sus deseos. Se enamoró de joven, de una vecina montaraz con la tez rosada y los ojos de diseño. La seguía a todas partes y la espiaba mientras la manceba se daba sus baños en el río. Creció de pronto y se convirtió en la más bella mujer de toda la comarca. Una mañana se enteró de la noticia y corrió como loca a la puerta de la novia. Aquella mujer sonriente siempre la había ignorado y ahora se marchaba a la ciudad del brazo de un chulo. Corrió tras el coche confundida con el gentío, agitaba la mano como diciendo adiós, pero, a diferencia de aquél, ella no despedía ni saludaba, simplemente suplicaba. Por la noche, sola, en su cuarto, enfundada en ese camisón de raso con que su madre la obligaba a dormir, volvió a pensar en la muchacha que se había ido para siempre y por primera vez experimentó el éxtasis con que sabe obsequiarnos el deseo: había descubierto la fórmula secreta, egoísta y pura que los solitarios utilizan cuando aman.

Las nubes dibujan sombras; la memoria, fantasmas.

¿Cómo fue la primera vez, la primera vez de todo?
En el apartamento recién alquilado de Tirso de Molina, minúsculo y solariego en los días de sol, frío como una nevera portátil en los días de invierno, desde el que se veían los tejados de Madrid, de ese Madrid que sólo tiene tejados, amueblado con los objetos que mi tío compraba en el Rastro, abandonado el Ejército ya para siempre, pese a la oposición y pena de mi abuela, quien había visto en el uniforme la medicina idónea para curar la enfermedad de mi tío, secretario éste ahora del jefe de una empresa de tejidos con los que pronto hizo cortinas y manteles para su nueva casa, opositando para la carrera de maestro al tiempo que leía, escribía, vivía al modo elegido, abandonados también aquellos chicos ambiguos, los *giocondos* amigos de Elena y Lola, el tío frente al espejo, soy yo, el tío solo en aquellos días en que los

amigos se perdían como monedas en bolsillo roto, pues solo yo voy a la noche con este agujero en el pecho, con este dolor, solo yo entro y salgo, entro en el Black & White y nada me ocurre... Frente a mí, conmigo, sin mí, más jóvenes, más viejos, gente también buscando un lugar, un hueco como refugio ante la lluvia de metralla...

La experiencia de Dani fue sólo experiencia, dolor; la experiencia de Rafa fue sólo experiencia, tristeza; el tío busca un amigo, busca a Pedro, un amigo con el que el sexo no cuente más que la palabra. Cuando se marcha, ¿ya te vas?, una graciosa cara que le sonríe con los ojos brillantes, unas risas sanas que relajan a mi tío, una visión en un solo momento, como cerradura a través de la cual miramos, y vemos un azul, un remanso de paz...

—¿Ya te vas? Me llamo Yeray. ¿Y tú? ¿Ya te vas? ¿Por qué no te sientas un rato con nosotros? Dime, ¿ya te vas?

—No.

El silencio impone; la soledad, destroza.

Hay momentos en que lo que más deseamos es que acabe el día, que eche el cerrojo el azul del cielo y que la noche nos acoja entre sus brazos. La noche, como amante misterioso que nos depara sorpresas, es el agua turbia en que nadamos.

Los hijos de la noche, los bastardos, los abortos no realizados... Por las esquinas de la ciudad, detenidos en los semáforos, aguardando la llegada del autobús, siempre hay alguien que se parece a nosotros, alguien con un bostezo famélico en los ojos que sólo sacia el amor.

He vuelto al cuarto de los recuerdos, al cuarto de las plumillas, al cuarto de los olores a goma de borrar y a puntas de lápices mordisqueadas. Entrar en ese cuarto es como abrir la ventana de la vida: entro en él y te veo, pero tú no estás.

Después de unos días convaleciente de un estúpido resfriado, he sentido hoy de nuevo la tentación de coger el lápiz y, con la punta del mismo, dibujar tu rostro. Pero hoy creo que no estás. El otro día, de lejos, creí verte. Desde muy lejos. Y no sé si fueron mis ojos o mi deseo los que configuraron la silueta de tu cuerpo.

Hoy pensé que vendrías a media tarde o al anochecer. Pensé que vendrías a esa hora en que los rayos del sol acarician la fachada de mi casa y a mí me restauran la vida. Pero el sol languideció por completo y algo dentro de mí se rompió. Luego pensé que a lo mejor vendrías guiado por la luz de las farolas, y me abotoné la bata con la que me abrigo para sentirme más fuerte. Pero tampoco fue así y sólo conseguí que me faltara el aliento.

No has venido, no estás, y yo ardo en deseos por tenerte.

Desde la terraza del hotel, donde oteo los montes, ese decorado natural que la Naturaleza arrancó de sus entrañas, como la madre el trozo de pan, para alimentar al hijo.

La barbería...

La barbería, el pueblo...

La barbería, el pueblo, la barbería, adonde mi tío acudía a pelarse de chico, y luego también, ya mayor, cuando venía en verano. Enfrente, el Casino de Labradores, como dos espejos mirándose entre sí, celoso escáner por el que uno, como maleta y bulto, tenía el paso obligado.

La barbería siempre fue barbería, ni siquiera peluquería en

aquellos días en que se cambiaba el nombre a las cosas, a las tiendas, a las calles... La barbería, el barbero, parlanchín siempre, conocedor de secretos e historias, de chismes con DNI, en cada momento con uno a punto con el que amenizar aquel rato de paz en que a uno lo que más le apetecía era escuchar el silencio de las tijeras aterrizando sobre la cabellera de chico, como helicóptero tomando tierra en hirsuto paraje...

Las historias, en un tiempo de vacas que parían o de las buenas o malas cosechas que daba el campo; luego historias de playas con tías desnudas —cuando las playas de entonces se soñaban en la almohada de la revista «Interviú»—, historias de duchas, de coños afeitados como brevas ajadas, de pollas colgantes o de pollas tiesas como barrotes de hierro... Ay, cuántos y cuántos soñaron en el silencio de la barbería con la delicia de aquellas barras de carne, estrábicos sus ojos devorando las pollas, mientras sus bocas se llenaban de coños y tetas, gordos y barbudos ellos, obesos, animalados, a cuatro patas en los trigales segados, mirando para el Peñón, follándose unos a otros con prisas, sin tiempo para el amor, pues era la hora de la comida y la esposa debía de estar ya poniendo la mesa.

El Casino, como hermano siamés de la barbería, monstruo de dos cabezas, plataforma, estrado, balcón desde el que se mira, horno en el que se cocían las historias que se amasaban en la barbería, registro civil y eclesiástico, CIA, Cesid, KGB... atajo de chismosos frustrados, de casados que no lo querían estar, de solteros que soñaban con hombres con quienes compartir sus vidas... El Casino, con sus mesas, sus lámparas y sus lamparones en los servicios, donde los clientes se echaban las pajas con los ojos en blanco, mientras se pensaba en el adolescente que acababa de pasar por el escáner, atrapado ya como insecto en lengua de lagarto, desnudo, quieto en el cerebro. El Casino, prostíbulo en los días de feria, cuando la barbería cerraba y esos clientes que nunca se cortan el pelo pasaban a los salones del Casino como un indeseado trasvase de carne humana. El Casino, repleto, asomadas las cabezas enracimadas a los balcones, buscando entre el tumulto que transita el cuerpo del que beber, droga natural en la que no queremos que se enganchen otros.

Más arriba, el Paseo de Santa Marina, antes del Triunfo —de aquellos días en que se festejaba la derrota o la muerte de alguien, (¿aquellos días?)—, como tarta enorme donde quedaban atrapadas las moscas sin nada más interesante que hacer que espiar al que pasaba...

Bares, tabernas como saunas en seco, cuartos oscuros por descubrir, apoyados los mozos en la barra del bar, mareados, mecidos por el vaivén amarillo del seco moriles, desabrochadas las camisas blancas el día de Viernes Santo, transportistas ellos de no sé qué Cristo o Dios, fervorosos creyentes de torsos acariciados por el sol de abril en camisa entreabierta, como velada insinuación de su deseo... ¡Toros ibéricos hermafroditas refugiados en los hombres del pueblo!

La soledad de la sauna. Uno va a la sauna buscando compañía y encuentra soledad.

La sauna, como los sitios de mi recreo, patios de luz por los que uno, como en cielo nublado, divisa un resquicio por el que se cuela el azul. Saunas aquí y allá, tejiendo una red como perímetro de seguridad por el que se camina con soltura. La sauna Adán, quejumbrosa como una silla de anea, subiendo y bajando escaleras, exhaustos los clientes por tan largo itinerario, cuya pieza más valorada estaba siempre a la puerta de las cabinas, adolescentes que ya no lo son, recaudadores de impuestos, son cinco mil, chicos venidos de todas las partes de la ciudad y el orbe, brasileños, dominicanos, apátridas de Almendralejo que se saben portadores de esa agua milagrosa con que curar los males de nuestros días.

La sauna Cristal, primera tal vez de aquella época en que mi tío las frecuentaba, hoy reducida a su mínima expresión, insulsa como un salón autoadornado a ratos. La sauna Comendadoras, vuelta a subir y bajar escaleras, con aquella sala de vídeos mudos y los mariquitas recostados sobre las colchonetas de gimnasio, muy bacos ellos, como emperadores romanos después de la batalla, poniendo sonoridad al espectáculo con sus ronquidos y jadeos.

Las saunas que yo también recorrí como siguiendo la estela de mi tío, el paraíso en el que uno siempre espera encontrar al príncipe con quien compartir nuestros días.

El adolescente siempre busca modelos que el adulto no sabe dibujar.

Las fotos...
Las fotos, el álbum...
Las fotos, el álbum, aquella caja de cartón que llegó rota y a través de sus heridas se salían las fotografías de mi tío como cuerpo descompuesto en accidente de tráfico.

Las fotos, el álbum, la foto sobre todo del tío moreno en las playas de Maspalomas, desnudo el cuerpo y tensos los miembros, el miembro duro que la abuela cortó de un tijeretazo, reclinado el cuerpo en una mecedora de mimbre, obelisco nevado que se desea en la noche.

Aquella foto que todos tenemos como cicatriz en la frente, recuerdo cainita de nuestros años de escolaridad, foto en blanco y negro como el color de aquellos días —qué insulsos los días que se fueron, dice el poeta—, redonda la cara y redondo el globo terráqueo junto a la cartilla de «El Parvulito» y la pluma estilográfica que el fotógrafo cedía para esas ocasiones.

Las fotografías del tío adolescente, triste con su melena larga y su grupo de compañeros de la Universidad Laboral, entre los que yo intenté identificar al Dani famoso y perverso, cómplice de los amores de mi tío. Fotos del primer Madrid, de un tío uniformado, favoritas de mi abuela; fotos del tío con sus amigos por los jardines del parque del Retiro, a los pies de la estatua de don Pío Baroja, abrazado él a la bella y rubia Elena, sabedor de que esas fotos las vería la abuela, esperanza que ésta nunca abandonó; fotos de Pedro en su etapa fría de Tarragona, días en Cambrils y en Reus —¿dónde quedaron esos días?—; fotos de Rafa en los descampados de Carabanchel, solos o acompañados; fotos de desconocidos que despertaron mi curiosidad.

Fotos del tío desnudo, besando o siendo besado; fotos a las que la abuela cortó las plumas de aquellos pájaros que volaban en ellas, en aquellas noches locas de vigilia con tijeras en mano, como si pretendiese enderezar a fuerza de patadas el árbol torcido que a su juicio era mi tío.

Los hombres que se fueron lo dieron todo por su vida: me dejaron su música, sus letras, sus hermosas canciones y sus más íntimos poemas. Tú me dejaste el camino por el que llegar hasta ti, pues no en vano fuiste siempre sin saberlo mi gran dador de vida.

La abuela nunca reconoció que el tío era homosexual. Maricas decían ellos. Marica era el primo Fernando, el mecánico casado, con tres hijos, asiduo desde siempre a los muros del cementerio viejo, al que le gustaba dar tanto como que le dieran. Marica era también Federico, antiguo vecino de la abuela, casado con Candelaria, pero sin hijos, enamorado espía del mayor de mis tíos, a quien seguía las tardes de domingo en sus correrías con las muchachas del pueblo y luego acudía a dar puntual cuenta a mi abuela de lo que hacía su hijo. Marica también lo era don Manuel, el médico, curandero de todos los males masculinos, casado, sin hijos, con una mujer que engordaba a cada disgusto del marido, preso en la jaula de desamor que era el salón de su casa, atareado con los periódicos y revistas que escondía debajo de los cojines del sofá, grabando a altas horas de la madrugada las películas «temáticas» que pasaban por el UHF.

Maricas eran los que se sentaban a la puerta del Casino, para ver primero y así no ser vistos, chismorreantes infatigables como catarata sin fin, sabedores de todos los secretos, conocedores de quién cojeaba, dónde, cuándo, con quién, los primeros en las fiestas folclóricas del pueblo, bailarines de sevillanas, rumbas, tangos, muy solícitos ellos con las solteras de turno, no fuese a ser que las plumas se les desmadraran y su virilidad quedara en entredicho.

Maricas.

Los otros, los refugiados, los tránsfugas, los topos de la guerra vecinal... ésos eran los maricas. Mi tío era homosexual: eligió libremente una opción de vida.

El pueblo...
El pueblo, el reloj de la iglesia...
El pueblo, el reloj de la iglesia, el paseo, testigo de besos y citas; el pueblo, hermoso en la niñez, mágico con su palacio infranqueable y sus altos muros tras los que alguna vez se refugiaron los duques de Fernán Núñez. El pueblo, para crecer, perdió unas casas en las afueras, como los dientes de leche, antiguas escuelas que llamaban del Matadero, y un erial donde vertían las aguas fecales, algo nuestro, como las cataratas putrefactas de una Amazonia para siempre moribunda.

Bastaba con arrancarle tan sólo una nota al piano, el de la sala oscura, el que parecía coleccionar polvo y objetos que nadie quería, para que se revelara ante mí un nuevo capítulo de tu vida, una fotografía, una página, una memoria como paloma que revoloteara por la habitación y con el movimiento de sus alas me rociara de tus recuerdos.

Los amigos, aquellos amigos de la niñez, los del pueblo, los amigos de las fotografías en blanco y negro, como cagaditas de mosca sobre la cartulina sepia. Los amigos se casaron, tuvieron hijos, se separaron, se divorciaron, volvieron a ser los amigos de mi tío en sus cada vez menos frecuentes visitas al pueblo, gustaron de su compañía, admiraron en él su enbereza, su felicidad, tú, soltero, sí que vives tú bien, qué bien que viven los solteros... Los amigos eran albañiles, fontaneros, mecánicos, hombres del campo atados a él como los productos que cultivaban; los amigos respetaban, admiraban, envidiaban a mi tío por su sabia soltería y su recién estrenada plaza de maestro en un pueblo de Madrid.

—¿Recuerdas cuándo te fuiste? —y el tío decía que sí, que lo recordaba, cómo no—. Parece que fue ayer —decían los amigos. Pero no era ayer. Habían pasado ya algunos años y muchas cosas.

Los amigos iban a la casa de mi abuela, buscando a mi tío, y se sentaban junto a él como el nieto junto al abuelo, y pedían a mi tío que les hablara de sus viajes, de aquéllos que él realizaba solo o acompañado, buscando no sé qué cosa, esas cosas que se buscan en los viajes. Los amigos, gordos, delgados, avejentados, preguntaban la edad de mi tío, eres mayor que nosotros, decían, y se miraban mutuamente, y agachaban la vista, bloqueada ésta en sus prominentes tripitas.

De los amigos, todavía, el muchacho, instalado ya en la ciudad, aquel muchacho alto, grande, fuerte, que ya no era muchacho, ni tampoco tenía el pelo rizado y claro, sino que sobre la cabeza le había caído no sé qué negra oscuridad, como una de esas macetas que se caen desde los balcones y nos matan, y le había dejado el pelo grisáceo y lacio.

¡Ay del muchacho y de aquella juventud casi transparente que mi tío quiso un día atravesar!

«Sé más feliz que yo.»

LAS PALMAS, 1.99...

Desde las más altas cumbres, la isla es algo irreal, un mar de nubes, nada más, como si verdaderamente hubiese sido una seta gigante surgiendo del océano, como dice la tradición popular. Y desde lo alto puedo contemplar el mundo y ya no tengo necesidad de regreso.

Mi amor se atreve con las nubes y se atreve con el cielo, y, aún más, se atreve con el futuro. Desde lo alto de la isla el ojo del amor puede contemplar no sólo su isla, sino las otras islas, y puede proyectarse y abrirse como una lente gigante hacia el mundo.

El amor está aquí, encerrado en las esferas plateadas del corazón, y el amor se llama de muchas maneras y se dice en diferentes lenguas...

Yeray.
Yeray, como una bocanada de alisio, como ese viento que acaricia la superficie del agua y luego refresca mi rostro.
De Gran Canaria, decía, de esa isla mítica, de ese continente en miniatura y más cosas que el corazón se calla; de Las Palmas de Gran Canaria, de esa ciudad ganada al mar, proyecto de ciudad conseguido, bella y hermosa como la mujer o el muchacho que se desean; de Vegueta, del barrio de Vegueta... Vegueta, dice el poeta: isla dentro de otra isla. ¿Qué es el corazón sino una isla dentro de la isla del cuerpo?

La atracción por el mar es un romanticismo acuático del pez-hombre que somos.
El mar, la mar, como un himen inmenso que acoge al muchacho origen de nuestros ensueños.

El tío frente a mamá, aquella mañana de verano, yo pequeño, correteando por la casa, agarrándome a las patas de la mesa, el tío frente a mamá, en aquella mañana de verano, soy homosexual, ¿sabes?, es posible que ya lo sepas, que alguna vez lo hayas pensado, pero quiero que lo sepas por mí, soy homosexual, ¿sabes? Y soy feliz. Y mamá callaba, mirando al tío, y en ella, no, en sus ojos, ese brillo, como rasgo identificativo ya de la familia, ese brillo que la delataba, por la tristeza, por la felicidad, por aquella situación que a lo mejor no hubiese sido necesaria... Y mamá callaba. Soy homosexual, ¿sabes?, y el tío como que esperaba una respuesta, una reacción, soy homosexual... Mamá callaba en aquella mañana de verano.

Y el tío, como queriendo poner una gota de humor, siempre en todo, en la muerte, en la vida, como para hacer más relajado el momento, esto no sé si es una primicia para ti, me hubiese gustado que así hubiera sido, que fueras la primera en saberlo, pero no ha podido ser así, también lo sabe... el muchacho, ¿cuándo?, ¿cómo? El muchacho sabía el secreto desde años atrás, tal vez desde joven, desde aquellos días en que el tío a lo mejor se le insinuó, o más tarde, cuando parecían inseparables, ¿tú no te casas?, y entonces el tío le diría que no y el porqué. O simplemente porque lo quería más que a nadie en este mundo, y cuando uno quiere a alguien no se le puede mentir.

A medida que el tren avanzaba hacia Madrid, desde la hermosa Córdoba, hasta la ignota y sorprendente Madrid, escenas, estampas, un paisaje frío y cálido, tantas veces visionado o imaginado, dónde los campos, dónde los pueblos... paisaje que debió cambiar con el tiempo, ese tiempo que también hizo cambiar a mi tío.

Hay en los parques canarios una referencia constante al jardín del Edén, del que son oficialmente herederos.
También en ellos esos dos mundos, el alma y el cuerpo, hombre y mujer, ángel y demonio.

El parque de San Telmo, diminuto y acogedor como su iglesia, como la esperanza que en él se respira.

El parque de Santa Catalina, punto de encuentro de la gente de paso que no va a ningún sitio. Uno, en el parque de Santa Catalina, se topa con el águila bicéfala que todos llevamos dentro.

A la sombra dispersa de los ficus, custodiado por la altiva mirada de las palmeras, bajo la protección del abuelo que lo es, el drago, ¿centenario?, no, pero hermano del de esa otra isla que lo acoge, atletas sin pistas, corredores sin fondo, abren el aire de la tarde tras la zanahoria fácil del sexo: el parque Romano, con el abandono natural del cuerpo decepcionado.

Parques, rincones como refugio, puntos de luz, lugares de encuentro...

Como el perfume de una flor que en el escueto camino de un bosque saliera a darle la bienvenida a un desconocido.

Al atardecer, todo el oro del sol se derrama sobre la playa y descubre sobre la primitiva pizarra de arena los corazones mordisqueados por las olas que, como ingentes y devoradores tiburones, succionan para dentro.

Toda época tiene un olor, un perfume, un recuerdo...

Los días de Córdoba olían a abril y a las flores de abril que se abren en mayo. Los días de Madrid olían a los geranios con que mi tío adornaba los tejados que se veían desde su apartamento, y ese olor, que también lo tiene, el de la libertad y la esperanza de un futuro más justo. Los días de Canarias, los años de Canarias, olían al amor conquistado, pero también al dolor que conlleva toda conquista. Y uniendo todos estos olores, como platero cordobés que engarza las cuentas de un infinito collar, el olor de las cajas, del cartón, el olor de la nostalgia que yo sentía cada vez que yo abría alguno de aquellos paquetes y extraía un objeto que acunaba como recién nacido en mi pecho.

Los turistas, embelesados, absorben el crepúsculo como si fuera un cóctel, como se absorben las escenas silenciosas y cansinas de la vida, como se extingue un cigarrillo, como se extingue el aire que nos dota de aliento.

Dos mundos...
Dos mundos, dos tíos en uno, como una oferta. Uno en dos, dos en uno, como existen el día y la noche, el cielo y el mar, el agua y el fuego. Y el viento, dos vientos, el viento suave, el viento caricia, como proveniente de la boca de un niño; el viento enfadado, que golpea en mi rostro y desordena mi pelo, como el eructo de un monstruo.
Dos mundos.
También en la ciudad esos dos mundos, como enorme águila bicéfala. Un mundo antiguo y señorial, quieto como la infancia u olvidado, de portales en penumbra y patios de sol donde crecen las plantas y la vida: el mundo bueno de Hesse. Frente a este mundo, como el dormitorio de mi tío, el mundo moderno de las Canteras y sus imposibles edificios para la vida, inundados siempre de toallas como banderas en el mástil de un barco que nunca parte.
El alma de Vegueta se une al cuerpo de las Canteras y juntos, no de otro modo, conciben la vida.
Dos mundos, el mundo hermoso de Yeray frente a ese otro mundo, el mundo de los chicos de la calle de los que mi tío bebió en sus noches mortales de sed.

Donde haya un trozo de mar, amaré la vida, porque al mar se le habla de forma epitelial y a la vida se la sustantiviza...

La vida, tan enigmática como el secreto de una novela, es lo único que no se nos da dos veces.

Pero la vida, desengañémonos, no es sino un verso libre interminable.

—Otra vez de viaje —decía la abuela—. Qué manera más tonta de gastar el dinero.

Y el tío que se iba unos días, unas semanas, y tras un breve silencio llegaba la postal que yo esperaba como botella que me lanzaba, o guiño, o cuerda que me uniera a él: pequeñas teselas que yo coleccioné en el interior de una caja de zapatos, durante años, durante aquellos años de mi infancia en que cada ciudad que visitaba mi tío me parecía una ciudad conquistada, otra ciudad que caía ante las huestes alejandrinas del cada día más grande Alejandro: pequeñas teselas con las que yo recompuse el mosaico o el puzzle que fue la vida de mi tío.

Sintra, 1900. La plaza de la señorial Sintra, de la principesca Sintra, con aquellos edificios pintados de colores como los dibujos de mi primera escuela y el olor a lápices Alpino cada vez que sacaba punta a alguno de ellos.

Los lagos y las montañas de Great Gable & Wast Water, por donde se dice que pasearon los primeros románticos ingleses; la tumba del poeta Wordsworth; el paisaje fantasmagórico, como dibujado por el alma, de Castlerigg Stone Circle: la visión de aquel paisaje me introducía en el túnel de los sueños, como una antesala de la muerte.

El Cuerno de Oro y la Torre de Gálata, en la lejana y europea y asiática Turquía. Qué difícil me resultaba imaginar a mi tío en las riberas del Bósforo, oyendo el sonido de los barcos en la lejanía, como gritos, como susurros, como descomunales eructos de un pez gigante oculto por la niebla.

La casa de Franz Kafka en Praga, diminuta, enana, como de juguete, hoy tienda de artículos de recuerdo: qué recuerdo Kafka caminando por las calles empedradas de Praga, preso en el laberinto de la ciudad, preso en el laberinto de su alma, y cada noche, una pluma, un folio, un cuento... Ícaro atormentado que también intentó levantar el vuelo.

Cómo morir, dónde, cuándo...
Con música de piano al fondo, adentrándonos a cada golpe de tecla en las profundas simas del inconsciente, en un paisaje todavía por resolver, en un momento que me recuerde los vividos...
Cómo morir, dónde, cuándo...
Ataviados tan sólo por la luz violeta del atardecer, como una mariposa paralizada en la estancia que nos arrope con las sábanas sedosas de sus alas.

De Ícaro, precisamente, me dicen las enciclopedias que era hijo de Dédalo, héroe griego, un manitas. Presos los dos en el laberinto de Creta, huyeron con unas alas pegadas con cera. Durante el vuelo, Ícaro se acercó tanto al sol que la cera de sus alas se derritió y cayó al mar.
El tío, como Ícaro, preso en el laberinto cretense de la vida, osado desafiante de las normas y de las costumbres, de esa ley llamada hipocresía que rige el destino de los pueblos —gente ésa que hace de la muerte un espectáculo y de la vida una tragedia.
El tío, como Ícaro, como hacía las cortinas que tapaban sus ventanas y los manteles que cubrían su mesa, de noche o de día, a la luz o en la oscuridad que ilumina el alma, de retazos, como este cielo de hoy, nube sobre nube, fabricó también las alas con las que inició su vuelo.

Las islas, desde el cielo, parecen siete verrugas que le hubieran salido a una vieja habitante del océano.

Las cajas fueron llegando una a una, como una novela por entregas. Como un racimo de uvas cuya duración prolonga el pobre ingiriéndolas una a una, jugando al Lazarillo y al ciego, así mi tío, como si el envío de cada caja fuera un desgarro que se produjera en su interior, mezcla de dolor y de placer, así las envolvía, una a una, como flotadores que lanzara en vanguardia en los que luego pudiera apoyarse.

Cada mañana, el cartero, un certificado, para usted, de Madrid, y mamá cogía el coche e iba a la oficina de Correos y portaba aquella caja desfigurada con la que parecía que los empleados de la oficina habían echado un partidito de fútbol. Ponla ahí dentro, decía la abuela, este muchacho nos va a volver locas con las cajas, vaya veranito que nos está dando, y mamá que las amontonaba en el colgadizo, como sacos de papas, junto a los melones y las cebollas que la abuela esparcía por el suelo para que no se le pudrieran.

Y a la hora de la siesta, esa siesta que mi tío grabó para siempre en el disco duro de su cerebro, la abuela que se iba hacia las cajas, entre los lejanos ruidos de los corrales vecinos y el chapoteo de los niños de la casa de arriba en la piscina hinchable que habían instalado en la terraza.

Como alienígenas, aquellas cajas miraban a mi abuela, me miraban a mí, yo las miraba a ellas, y una vez abiertas perdían toda su fuerza, todo su vigor, como un Sansón reciclable al que la abuela cortara el pelo. Y una vez abiertas todo era luz, todo misterio, hasta que la abuela por fin se decidía a meter la mano en el interior de ellas, y sacar esas cosas extrañas que tanto le desagradaban, como si en cada puñado que daba se trajera consigo un puñado de las vísceras del interior de mi tío.

Pasear por el Mercado Municipal de Las Palmas, sentirse marinero, buzo, tiburón que da pequeños mordiscos a la vida, mientras te abres paso entre la gente y el olor a mar que envuelve sus pasillos.

Como marinero que nunca fui, ni capitán de un barco, acaso polizón escondido en las entrañas de mi tío, como la mica pegada al costado de la roca, mirando siempre a través de la escotilla de sus ojos, gran velero él de ocio y recreo, surcando esos mares del Sur que fueron los días de su infancia, despliego sobre la mesa del hotel Concorde el mapa imaginario que esconde un tesoro. Isla ésta sin piratas con la pata de palo, redonda como moneda o aro que en la niñez de mi tío se deslizara en torno a su cintura, abandonado ya el fútbol y los juegos de los chicos de la calle, preso feliz en las redes sedosas del mundo de niñas.

Ahí, como saltando al vacío, a ese mar de asfalto que es la vida, el intrépido caudillo Doramas, numantino él antes o después que los de Numancia.

Ante mis ojos, ¿los míos? —los ojos de mi tío—, un mar hoy agitado por el viento como bandera roja en el mástil, ni verde ni azul, acaso gris, succionado el gris del día para dentro. De vez en cuando una barra de espuma que hinca sus rodillas de gigante en la arena. Y el viento, ese viento que se arremolina en forma de caracol en mi oído, que me susurra algo, que me da las pistas de algo. ¿La isla del tesoro? Dispongo de unos días para descubrir el tesoro que guarda esta isla, no sea que el galeón que atisbo a lo lejos me lo arrebate.

Hola David:

Hace tan sólo una semana que regresé y me parece un siglo desde que no te veo. Siento mucho que te hayas resfriado. Aquí también ha empezado ya a hacer frío.

Ayer fui a la librería Archipiélago buscando el libro que me recomendaste. Lo he encontrado. «La Sinfonía de los Veleros Varados» me dijiste, ¿no?, y antes de leerlo lo he olido, como tú me enseñaste. Huele a vida, a algo de ti entre sus páginas. Qué curioso, pero a medida que lo fui leyendo, sentado en la terraza del café Madrid —frente a la plaza de Cairasco, cuyo busto se erige en la misma, como suspendido por el chorro machadiano de una fuente pétrea—, a medida que fui leyéndolo, digo, era como si tú me lo recitaras al oído... «El muchacho que yo amo es la personificación del deseo. Triste y feliz a un tiempo, inalcanzable siempre, me mira desde la profundidad de sus ojos marinos y se ríe de mi congoja.» Yo ahora no tengo que soñar tanto, me basta simplemente con recordarte. ¿A ti también te ocurre lo mismo?

Más tarde di un paseo por Vegueta y me detuve un rato en la plaza del Espíritu Santo, antes de subir a casa a comer. Siempre que estoy un poco raro hago una parada en esta plaza y es como si bebiera de no sé qué milagrosa fuente, pero cuando me marcho me siento como reconfortado. Tendrías que conocerla. Está cerca de la Catedral, pero ajena al bullicio de la ciudad y al ajetreo de sus gentes. El Ayuntamiento se esmera mucho en cuidarla, y hay un jardinero dedicado casi exclusivamente a su mantenimiento. Es un pequeño paraíso dentro de este gran infierno que es la ciudad de nuestros días.

Después de la comida practiqué durante un par de horas, pues ya sabes que debutamos en la víspera de Reyes en el Teatro Pérez Galdós, y, aunque estoy algo nervioso, también estoy muy ilusionado. Me encantaría que pudieras estar presente en mi debut.

A media tarde, antes de que el sol se ocultase, me di un paseo por la playa de las Canteras. Éste es un sitio que a ti te gustaría mucho. La playa es espléndida para todo tipo de deportes, pero yo no acudo a ella a practicar ninguna clase de deporte, sino a ver la puesta de sol. Es un espectáculo que me sobrecoge el alma. Un rayo de luz, como el aliento de un dios, se despliega sobre la línea del horizonte, y toda la ciudad se torna teatral y fantasmagórica. Hay en el cielo un hueco, como una luz, como una hoguera: el sol hecho niña del ojo gigante que nos vigila, y uno no puede sino sentirse minúsculo, insignificante, ante tanta grandeza. Pensar en ti y en el día en que veamos esto juntos me llena de energía para seguir viviendo.

Antes de que esta parte de la ciudad se transforme, cojo la guagua y regreso a casa. Anoche me dormí soñando en tus caricias y me adentré en el bosque de las delicias de Umbral. Soñé que estabas junto a mí y nunca antes me había dormido tan relajadamente. Pase lo que pase, fue un acierto conocerte. Besos.
Yeray.

Detrás, el privilegiado hotel Santa Catalina, exquisito, elegante, sólo apto para aquellos que miran la vida con prismáticos.

Como la isla de San Borondón, esa especie de espejismo que aparece de vez en cuando en medio del océano, así tu imagen vuelve a mí, tus recuerdos, todos los detalles que configuraron tu vida, como una bofetada cruel y ufana que quisiera volverme a la realidad.

Como el hijo bastardo de un viento que no es el mío, así yo, también, busco retórica inútilmente, apuñeteo el éter, me descoyunto en el vacío... Como el viento, sin más, mi único objetivo es llegar hasta ti.

Hola David:

Me dio mucha alegría recibir tu carta. Yo también te echo de menos. Me dices que tienes que darme una sorpresa, pero que aún no puedes adelantarme nada. ¿De qué se trata?

Yo también tengo una sorpresa que darte: te quiero, aunque quisiera decírtelo a la cara para inundar tu boca de besos y así evitar tu regaño.

Comprendo que no pudieras asistir a mi debut, pues son unas fechas muy señaladas y hay que estar con la familia.

Yo pasé unas Navidades bastante tontas: hasta los polvorones se me atragantaron pensando en ti.

Hoy he dado un paseo por las dársenas del puerto y he esperado impaciente e iluso el desembarco de los pasajeros, y las gaviotas, mis amigas, han amenizado mi espera con sus sonoros graznidos, y el mar, mi mar, mi confidente y mentor, me ha sonreído con su dentadura blanca y su sonrisa ha sido como un aviso de que debía recoger mis bártulos con destino a otro puerto.

Te mando un libro de poemas que obtuvo el último premio de poesía «Tomás Morales». Tú dices que en poesía todo está escrito desde que lo hiciera Walt Whitman, pero éste que yo te mando, de Donina Romero Hernández, contiene las poesías más hermosas que yo últimamente haya leído, de esa poesía que habla de ausencias. La que más me gusta es la siguiente:

«*Los aromas del aire.*
Septiembre.
Los grillos.
El mar. Mi mar.

Tu pelo, la caricia.
Tus manos... (qué grandes me parecen
desde la distancia).
Los sueños.
La noche.

Y estos ojos cansados...
recordándote siempre.»

Espero que te guste tanto como a mí. Y poco más que contarte. Hoy el cielo está ligeramente nublado y el mar con la moral por los suelos. Al mar, como a mí, le gustan los días de sol, los días de luz, y entonces él se engalana de tonos verdes laurisilva y no hay quien se resista a sus encantos.
 Lo dicho. Poco más que contarte. Sólo decirte que de todos los rincones de la ciudad me llega la fragancia de las dalias y el perfume hogareño de los tiestos de hierbabuena con que las mujeres de los campos adornan el alféizar de las ventanas de sus casas, y ambos olores, tan familiares para mí, me remiten a un único olor, el olor de tu cuerpo. Ven pronto. Te quiere.
 Yeray.

Detenido, frío e hirsuto, como un anacoreta resignado, así fui, tú fuiste... algunos seremos, esperando no sé qué regalo que se quedó la vida.
 Sobre el amor.

El tío en casa de la abuela, entusiasmado, feliz, preparando sus cosas para el último viaje.
 —¿No pensarás llevarte todo eso? —le preguntaba la abuela, siempre detrás de él, y el tío decía que no, que más adelante se llevaría las cosas poco a poco—. ¿Pero te vas a quedar en Canarias toda la vida? Con lo lejos que está... —y la abuela como que se sumía en un incierto sollozo.
 El tío en casa de la abuela:
 —¿Cómo te va por la escuela?
 —Ya no estoy en la escuela, tío, el próximo curso empiezo el bachillerato.
 —¡El bachillerato! Cómo pasa el tiempo. Échame una mano

con estas cajas, vamos a amontonarlas allí... —y yo que le ayudaba a mi tío, amontonando las cajas como el que amontona recuerdos de vida.

El tío fuerte, robusto, moreno el torso todavía por los rayos del sol del último verano. Algún día te vendrás conmigo a Canarias, ¿vale?, mientras amontonábamos las cajas, y a mí como que se me abrió el cielo, como si me hubiese entregado la llave que abriera los baúles de todos sus recuerdos.

Ya en el Pueblo Canario, el Museo Néstor, Calipso de mar, cúpula submarina, canto de sirenas, oda al hombre y a su amor por el azul acuoso de nuestros orígenes.

A vuelapluma, con las prisas del corazón, que nunca son buenas, he anotado todo cuanto he visto, todo aquello cuanto he observado, todo aquello que sentí.

Recuerdos de Córdoba, de Madrid, Las Palmas... Recuerdos y olores de la ciudad, huella en el cuerpo. Lejano ya el recuerdo del tío por las calles de la ciudad árabe de Córdoba, lejano también el olor a jazmines de los patios en flor, y el beso de los labios de Dani sobre los labios de mi también pequeño tío.

«Así como un fruto escondido llega a la sazón sin que nadie se dé cuenta y se desprende espontáneamente de la rama que lo sostiene», así también crece el amor, un poco escondido, como el pariente inválido del que nos avergonzaríamos al sorprendernos la persona amada en su presencia.
¿Quién ha dicho que la ausencia causa olvido?

Recuerdos de la urbanizada Madrid, de la nocturna y oscura Madrid, de la culta, de la literata, de la corpórea ciudad que satisface tan sutilmente la sed de amor de sus habitantes; recuerdos de Pedro y mi tío atravesando en *vespa* la Gran Vía, como dos luciérnagas desorientadas en medio de la noche, buscando un refugio donde ocultar su dolor; recuerdos de mí, por mí y para mí, en aquellos días en que inicié la búsqueda de mi tío, de lo que yo quería de él, tomando un refresco en la terraza de la cafetería Mhasca de Chueca, y aquel camarero que me miró, como miramos a quien conocemos o a alguien que nos recuerda lo conocido, te conozco, yo te conozco, que diría Umbral, y el corazón que me dio un vuelco y salí corriendo a refugiarme en los salones anacrónicos del Café Acuarela, y tomé un té, y fumé un cigarrillo, e hice volutas con el humo con el que no tardé en escaparme... Recuerdos de Las Palmas, de mi tío y Yeray, de Yeray y mi tío, de ese olor a sol en los parques adornados de hibiscos, y el vacío que dejó la muerte de Yeray en aquella maldita carretera de Gáldar, antes o después de un concierto, después, todavía en su cabeza el eco de los sonoros aplausos y la imagen risueña y feliz de mi tío en las primeras butacas, aplaudiendo él también, apoyándolo, y esa cicatriz en la frente aquel triste verano, me caí en la playa, y la abuela como que no se lo creía, me caí en la playa, y la abuela pensaba en alguna paliza que le habían dado en esas noches oscuras que con la ayuda de la televisión se imaginaba, me caí en la playa, y sus ojos que me buscaron a mí, y yo supe entonces que mi tío mentía, tan grande era su dolor que por primera vez supe que mi tío mentía...

Y el tío que se desinfló como un globo, como se desinfla la magia de Reyes cuando los años nos descubren la farsa, y luego vino una baja por enfermedad, y luego una licencia por estudios, y un viaje por el extranjero del que regresó antes de tiempo, enfermo de amor, muerto de ausencias, y mamá que lo cuidó durante unos días, y me miró a mí, ¿por qué no te quedas unos días con el tío?, y el tío que no dijo nada, pero en el brillo de sus ojos supe que me quería a su lado...

¿Cuánto duró aquello? Nada, lo que dura la felicidad, un instante, ni más ni menos que el tiempo que vive una flor. Años y años esperando estar junto a mi tío, compartiendo con él sus noches y sus días, pero el tío ya no estaba junto a mí, el tío se quedó también en aquel barranco de Gáldar, reclinada su cabeza húmeda sobre el pecho sin vida de Yeray, o en la playa de las Canteras, frente a aquel apartamento alquilado y que durante tan poco tiempo compartieron, o bajo las aguas cristalinas y azules del Atlántico, donde reposaban para siempre los restos de Yeray, como un poema al mar, como un poema de amor entre Yeray y mi tío.

Como buscadores de sombras...

Un estruendo sordo y desgarrador como la torturada visión de un mar de lava.

Al cementerio, enemigo de la niñez, acudimos luego que nos robó los amigos. Quietos, ya llegamos a ellos con los ojos ciegos por el llanto, siempre aguardando nuestra visita. De aquellos días en que la muerte se llamaba negligencia médica, un nombre, Roberto García, amigo de mi tío —de los tiempos en que la muerte era un fantasma, como una María la Bute personificada a la que se la apartara de los chiquillos—, muerto de niño con su brazo escayolado dentro del ataúd de madera, y otro nombre más, Luis, roto por dentro como rompe la avaricia al saco, y otro más, Joaquina, amiga de los días chicos de mi tío, de aquellos días en que mi tío era feliz con sus amigas, la última en la escuela y en belleza, la primera del pueblo que se tragó aquella enorme carretera como una ingente serpiente con hambre.

Al cementerio acudía mi tío en sus visitas al pueblo, y se refugiaba como niño asustado en la gruta de aquellos días, y se detenía ante las tumbas que acogían los restos de sus amigos, y, ya mayor, ante la tumba del abuelo, y lloraba frente a todas como luego supe que lloró ante el cuerpo sin vida de su amigo, ese amigo que mi tío tuvo y con el que yo sé que fue feliz.

Al cementerio, también, acudía la abuela con unas flores que depositaba sobre la tumba de mi tío, una tumba que nunca debió existir, pero que la abuela, en contra de la voluntad de mi tío, mandó construir junto a la tumba del abuelo, y en ella metió el cuerpo sin vida de mi tío, un cuerpo, una vida, que ya pertenecían por entero a Canarias y que debieron reposar junto a los restos de Yeray, bajo aquella agua cristalina, verde, azul, también gris, como el gris de algunos días, frente al apartamento que compartieron, como vidas que se prolongasen en el espejo de los sueños.

Al anochecer, la luna se refleja sobre la playa, como una indiscreta linterna que pretendiera sorprender la silueta de dos cuerpos fundidos en un beso.

Esta lluvia así, a chorros, como de manantial desbordado; esta lluvia así, menuda, como transformada en aire que nos humedece apenas el rostro; esta lluvia de abril que son tus recuerdos que resbalan por la superficie de mi cuerpo como bálsamo querubín cuyo único objetivo fuese llegar al más recóndito pliegue de mi memoria y fundirse en ella.

Rezuman los patios de Vegueta nostalgia de habaneras.

De la discoteca Flash al Punto de Encuentro, pasando por las esquinas del parque de Santa Catalina, busco no sé qué cosa, esas cosas que el corazón busca en la noche.

He tomado previamente una taza de té, sentado en la terraza de la Cafetería Río, fumándome a continuación un cigarrillo, libremente, como si flotara, luego de una ducha refrescante en el hotel y unas horas de chapuzones y paseos por la playa de las Canteras.

Esta mañana llamé a mamá y le comuniqué que pospongo mi regreso. Ya está todo empaquetado, el apartamento limpio, recogidos los pocos enseres que mi tío trajo consigo. No me los llevaré conmigo ni los enviaré por correo, como es el deseo de la abuela, sino que los lanzaré sin más al fondo del mar, a reunirse con Yeray, como dos almas de «Cumbres Borrascosas» que descansarán para siempre apacibles y tranquilas en los arrecifes de la barra. Ahí, como dos medusas del sexo, se amarán eternamente.

Los cadáveres que visitan el Punto de Encuentro no abandonan sus tumbas hasta pasada la media noche. Por allí se dan un paseíto los travestidos disconformes con su cuerpo; el turista despistado que busca unas papas arrugadas con que acallar ese cosquilleo en el estómago que él confunde con hambre; los chicos *Danone*, siempre trabajando, a la espera del empresario de turno que sepa reconocer su labor. Todos los maricas se parecen, nos parecemos. ¿Qué hay en nuestra frente que delata nuestro dolor?

Como escapados de la última caja que el tío trajo consigo, aquélla que contenía las cartas y los escritos que novelaron su vida, Eduardos Manostijeras a los que la magia de la noche insufla el aliento necesario para dotarlos de existencia, así hoy ante mí desfilan quienes pudieran ser perfectamente el doble que todos llevamos dentro, esa imagen que nos acerca tanto al que somos.

—¿Ya te vas? —dicen a mi paso, y me sonríen—. ¿Ya te

vas? ¿Por qué no te sientas con nosotros un rato? Dinos, ¿ya te vas? —y me miran, y me sonríen de nuevo, y yo también les sonrío—. ¿Ya te vas? —y les respondo:
—NO.

Para un hombre hambriento es ésta una comida excelente.

Mi taza de té.
De mi taza de té no surgen las imágenes de Combray, ni de sus jardines, ni de su iglesia, ni de sus viviendas chiquitas, ni de sus buenas gentes, ni de las ninfeas de Vivonne, ni de las flores del parque del señor Swann... De mi taza de té surgen las flores disueltas que lo configuraron en forma de vaho que empaña el cristal de mis gafas, como una enorme nube que me transporta, como un loco viento siroco que me alejara, me levantara, me retorciera y luego me dejara caer con golpe seco y contundente sobre la realidad pura y llana de nuestros días...

Y mientras disuelvo el azúcar con la cucharilla de plata en mi taza de té, y doy vueltas al poso que se arremolina en el fondo de la misma, caigo una vez más en la mareante vorágine que me incita a tu recuerdo...

Nos olvidamos de Dios y Él se venga, pero tampoco debemos echar en el saco del olvido el origen de nuestros fantasmas. En verdad dicen que el árbol del Diablo da unos frutos muy dulces.

«Sé más feliz que yo.»

Dicen que cada uno de nosotros es al menos dos personas. Hay alguien que comparte el habitáculo de nuestro cuerpo y que un día acaba rebelándose cuando no se le da la oportunidad de manifestarse.

LLUVIA NEGRA DE AGOSTO

«Sentarse así, sin más,
para pensarte por escrito,
rememorar tus ojos por escrito,
y desnudarte, verte cómo eres.
Qué convulsiones nuevas
erosionan tu cuerpo,
qué fracturas, qué fallas
iluminan tu cara,
qué flaccidez los años
han sembrado en tus muslos.
Hacerlo así, sin daño.
Buscar la cavidad de tu costado
para certificar
que no has cambiado tanto,
que no te han suplantado
sin que yo lo advirtiera.
Este verano,
que no ha pasado un siglo,
mis ya incontables canas,
el calor, la nostalgia,
y la brisa de un mar
calmado por la noche
me están llamando
a acordarme de ti
y hacerlo por escrito.»

José M. Junco Ezquerra
«Por escrito»

Para Antonio D., por aquellos años...

«Quien dice que la ausencia causa olvido
merece ser de todos olvidado.
El verdadero y firme enamorado
está, cuando está ausente, más perdido.
Aviva la memoria su sentido;
la soledad levanta su cuidado;
hallarse de su bien tan apartado
hace su desear más encendido.
No sanan las heridas en él dadas,
aunque cese el mirar que las causó,
si quedan en el alma confirmadas.
Que si uno está con muchas cuchilladas,
porque huya de quien lo acuchilló,
no por eso serán mejor curadas.»

Juan Boscán
1490-1542

de aquellos días el color, el sabor, el olor del aire nadando en la fragancia de la hierbabuena...

¿A cuántos hombres he amado? Sólo a ti. He estado con muchos. Muchos estuvieron conmigo. Pero a todos puse la careta de tu rostro.

He vuelto a escribir de noche, con el café, el pitillo, la ventana abierta y una luz mortecina, como un faro de juguete que me vigila de lejos.

Y bajo la ventana, a través de ese corazón turbio, oigo las conversaciones de los vecinos, esos argos nocturnos que parece que estuvieran ahí siempre.

Sí, la calle, el pueblo, ese pueblo como una tacita blanca de porcelana que ya no me reconoce. Claro que yo tampoco lo reconozco a él, ni a sus buenas gentes, ni a sus tiendas chiquitas... La realidad que yo conocí ya no existe, quizá porque los elementos que configuraron dicha realidad forman ahora parte del pasado o del sueño, esas dos prendas que ya sólo me sirven de abrigo.

La calle, sí, esa calle como un plató de cine, con las fachadas de sus casas altas y encaladas, por encima de las cuales alguna vez se escapaba el grito amordazado del amor, preso y enjaulado, de sus vecinos.

La calle de fango al principio, asfaltada después, fue testigo de las conversaciones picantes de los argos nocturnos, sentados al fresco, con sus mecedoras y sus sillas de anea, mientras bebían de hito en hito, a morro, de los botijos. Esa calle que otrora fue ágora pública acogió un día mis pasos, en aquellos tiempos en que jugábamos en ella hasta altas horas de la madrugada, bajo el palor amarillento de las bombillas, mientras tirábamos piedras a los nidos de golondrinas o a las salamanquesas que merodeaban al calor de la luz con su lengua fuera cazando mosquitos. Más tarde, avanzada la noche, hacíamos callar a los grillos y cogíamos a alguno de ellos, lo metíamos en casa, le dábamos de comer una rodaja de tomate... Luego nos olvidábamos del grillo, como la vida de nosotros, y el grillo se perdía por las habitaciones de la casa, como un trozo de infancia...

También esa calle acogió un día tus pasos, cuando caminabas sobre la acera como un ladrón de ánimas en la noche, y yo me resistía a dormir, pálido de desamor, muerto de ausencias, inútil vigilia como inútil es la llegada del cartero para alguien que nunca soñó poemas de amor. Porque la esencia del amor, dicen, está en esperarlo y en que no llegue jamás.

La calle que una vez fue testigo de la gestación de nuestro primer y promisorio beso, fue también espectadora de primera fila de los juegos violentos de los niños de la calle —esa indiada de muchachos nocturnos que ahora se me hace difícil esclarecer— (como lo es esta noche de los juegos de esos falsos hijos que son los nietos), cuando la vida y el mundo entero se reducían a la calle, y salir de los límites de la calle significaba el riesgo, la aventura, el orbe todo por descubrir. Nosotros, entonces, cuando chicuelos, éramos la calle, y vivíamos la vida en la calle, y en la calle, también, bebíamos de la copa que nos ofrecían el amor y el sexo. El agua del botijo nos refrescaba, como una ducha falsa y rupestre, mientras nos lanzábamos buches de agua los unos a los otros.

Luego realizábamos concursos de meadas, nos mirábamos las pichas unos a otros, nos la medíamos para ver quién la tenía más larga... Durante años, durante aquellos largos e interminables años, fue Miguelito el Tonto, el hijo de la señora Mercedes, quien siempre ganaba aquel priápico e infantil concurso.

Miguelito el Tonto la tenía como un caballo, y nos reunía a los chicuelos de la calle bajo una de las bombillas que previamente habíamos dejado ciega de una pedrada mientras intentábamos matar a las salamanquesas o derribar los nidos de las golondrinas, y nos enseñaba el pelo largo, rizado, casi aristotélico en el bucle, que le había salido en un huevo. Miguelito el Tonto, sabedor del negocio que tenía entre manos, no tardó en cobrarnos una peseta por dejarse ver el pelo largo y rizado, casi aristotélico en el bucle; que le había salido en un huevo.

Y fue así como Miguelito el Tonto se hizo rápidamente famoso en la calle, en el pueblo, en aquel pueblo blanco como una tacita blanca de porcelana, porque la tenía como un caballo, ya digo, porque le llegaba casi hasta las rodillas, porque fue sorprendido un día en clase «practicando el amor solitariamente», porque su madre, la señora Mercedes, que no entendió la nota que le envió el director del colegio, obligó a Miguelito el Tonto a que hiciera delante de ella lo que, según el maestro, había hecho en la escuela, y entonces Miguelito el Tonto se la sacó en el portal mismo de su casa, lanzó unos escupitajos sobre su enorme y enhiesta verga, y, con las dos manos, empezó a meneársela.

La noticia de que Miguelito el Tonto se estaba echando una paja delante de su madre corrió de casa en casa, de boca en boca, para solaz de las mozuelas y envidia de los maridos que se ponían rellenos. Las viejas enlutadas de la calle que se acercaron a presenciar el espectáculo priápico de Miguelito el Tonto salieron luego de la casa de la señora Mercedes con la cara llena de semen y el vestido negro como el de una sevillana, salpicado de lunares. Durante un tiempo las mujeres buscaron a Miguelito el Tonto, y los maridos también, algunos de ellos esgrimiendo la excusa de que querían rebanarle el cuello, pero por los pajares, las eras, las huertas, los graneros... fueron desfilando unos y otros, todos ellos satisfechos al justo, hechos polvo, rotos por dentro. A Miguelito el Tonto le dio por pasearse por la calle con el torso descubierto y la portañuela abierta, y las mujeres corrían tras el olor corporal del muchacho, como ratas ciegas que siguiesen a un endiablado flautista de Hamelin, y llegaban al orgasmo con sólo olerlo. La historia de Miguelito el Tonto pronto traspasó las fronteras del pueblo, salió por encima de los bordes de aquella tacita blanca de porcelana, y un año, durante las ferias de agosto, Miguelito el Tonto se enroló en el Teatro Chino de Manolita Chen y tardamos muchos años en volverlo a ver por el pueblo.

Porque también el corazón esconde arrabales, cabañas de miseria, ríos de orín y mierda. El niño, el niño de los dos años. En el niño todos nos vemos: se ve la abuela, la madre, el padre, el tío, la tía, la vecina que pasaba por allí y reconoce en la sonrisa del niño la que también ella lucía cuando de niña así sonreía. El niño gira como peonza loca en el patio de flores, borracho de albahaca, ahíto de jazmines y azucenas, y hace gracias, el niño: el niño dice pum, hace pum, se le cae la cabeza al suelo y se agacha para recogerla, ante el jubileo y la risa de quienes lo contemplan.

El niño dice «corao», «pote», «hotín», «toño»... A la boca del niño se le va la mano de la madre, que lo reprende, lo castiga, lo azota, porque la madre no quiere que su niño diga palabrotas, ni que diga palabrotas ni tampoco que ande descalzo como un gitanillo, itanillo, illo... El niño repite la coletilla de las frases, como un estribillo monótono y

monorrítmico. No quiero que andes descalzo como un gitanillo, itanillo, illo... Y luego el niño resume, sintetiza, mete todo el mundo en el cuenco minúsculo e irrisorio de su mano:
—Ya no te *quero*. Eres mala.
Al niño se lo reparten salomónicamente las abuelas, dejan caer un beso en la mejilla todavía marcada por los dedos de la madre del niño:
—La mamá es mala. El niño sólo quiere a la abuela. ¿A quién quiere el niño?
—A la *abela*.

En el gesto del hijo, en el defecto, en la virtud, en el guiño del ojo, en el tic de la boca, vemos la sombra de los ancestros, de aquel bisabuelo obscuro, señorito, señorón, con sombrero de fieltro en la mano, pajarita al cuello, un anillo de perla roja del tamaño de una castaña que sonríe desde el altar de su fotografía por encima de la cómoda, con los pies fríos, o húmedos, u olorosos por el fragor de unas flores petrificadas o de plástico...

Pero el niño, el hijo, ay, nos defrauda: en sus estudios, en el color del pelo, en esos rizos de antaño que ahora se le vuelven lacios, en la mancha vinosa que tenía en la rodilla y que con el tiempo desapareció, quizá porque el tiempo, con su extraño celo, siempre se lleva por delante algo más de la cuenta.

Nadie como la madre para retener al hijo. La madre lanza redes de recuerdos para impedir el vuelo del hijo:
—¿Te acuerdas cuando ibas con fulanito a tal sitio...? ¿Te acuerdas...?

La madre pasa páginas incansablemente delante de ti del libro de tu vida, unas páginas que tú, tantas veces, has pasado en la soledad deslavazada de tu memoria y estaban en blanco. ¿Te acuerdas...?

La madre se muere, o dice que se muere:
—Tengo un dolor aquí, ay, qué mala estoy...

Y la madre traslada, como la leche materna, su dolor al hijo.

Y a aquel hijo demasiado guapo para ser niño que dicen que fue, con unos ojos muy vivos como dos peces nadando siempre en el interior de sus órbitas, se le pobló un día el bozo de un vello irrisible e incipiente, dándole un aspecto de fragilidad mortecina. El niño espontáneo y comunicativo se volvió hermético y hostil, y se hizo amigo de Nicolás, el hermano pequeño de la Lirio, los dos hermosos hijos de la señora Fuensanta.

Nicolás, a quien los sátiros salvajes del mundo rural, los crueles artesanos de la rima, llamaron pronto Nikita la Mariquita, era un hermoso niño de rostro eternamente efébico, con aires de que se ahogaba dentro del prepucio gigante que para él significaba el pueblo, un hermoso muchacho de ojos azules como proveniente de los espacios siderales, con el pelo muy negro, como negra a veces es la noche, sin una mota de vello en su torso o en sus piernas, porque decían que se lo afeitaba. Yo no sabía, entonces, que algún día sería como Nikita la Mariquita, ni tampoco entendía por qué Nikita la Mariquita y Miguelito el Tonto a veces me daban de lado, y jugaban ellos solos a unos juegos violentos de mucho contacto físico, mientras los demás niños pensábamos que hacían deporte.

Nikita la Mariquita y Miguelito el Tonto se iban algunas tardes, durante las calurosas horas de la siesta, al granero de la casa de Fernandito, a quien, cuando nos enfadábamos con él, llamábamos la Gorda, porque estaba muy gordo y no nos caía bien. Luego la Gorda, que era mala, contaba delante de todo el mundo que habían jugado en el granero a los médicos, y que Miguelito el Tonto había curado de un dolor muy profundo a Nikita la Mariquita...

Pero el amor de aquellos días, aquellas historias de amor que tenían lugar en el verde paraíso de los amores infantiles, el amor de aquellos días, ya digo, como el amor de los niños, fue una cosa efímera, como efímero es un verano y efímera también lo es una flor. Mas el verano y la flor vuelven y tú nunca más volverás a mi lado.

Los barrios, los arrabales, como los hijos bastardos de la ciudad, los primos pobres que asustan y nos avergüenzan ante nuestros invitados. Los barrios, siempre al Sur, imaginando desde sus balcones los pueblos que abandonaron...

Los mariquitas del pueblo, como las ratas de Hamelin, fueron saliendo de la tacita blanca de porcelana y encontraron refugio en los secadores de las peluquerías, en los cajones de las tiendas de costura, en recónditos, obscuros y perdidos arrabales de la ciudad.

Algunos mariquitas del pueblo se fueron voluntariamente, a otros los echaron, porque los llamaban descastados, porque no sentían la tradición, porque la sentían, quizá más que nadie, pero en silencio, a su manera, sentados frente al espejo del aparador, mientras se enjugaban las lágrimas y se embadurnaban la cara de cremas y polvos de arroz para fingir melancólicas ojeras por amores imposibles.

Algunos mariquitas de los que se fueron del pueblo volvieron pasados los años, para las ferias de agosto, como la Gorda, que era mala y se había instalado en el cinturón industrial de Barcelona, pero Nikita la Mariquita, que también se fue, nunca más volvió a poner sus pies en el pueblo, a dejarse caer en el interior de aquella tacita blanca de porcelana, y cargaban sus carros de la compra, y agotaban las existencias del Mercado Municipal de Abastos, y en algún pliegue de sus modernas ropas ocultaban las miserias de la ciudad, las hambres, las tristezas y la añoranza de sus pueblos abandonados.

—Jesús, ¡qué finos! —decían los argos nocturnos cuando

hablaba alguno de los mariquitas retornados—. Qué altanero que se ha vuelto el cabrón. Los desertores del arado y de las huertas, los enemigos del palustre y de la azada, los que jamás le hicieron feos a la *Singer* y a quienes nunca se les cortó la mayonesa, hablaban cada verano con los argos nocturnos de la calle de los peligros de la ciudad, de los beneficios del pueblo, preguntaban por éste o aquél, querían desenterrar del pasado en sólo unas horas a todos los fantasmas de los que ellos huyeron un día para ahora hacerles frente.

Pero aquel pasado que yo conocí ya no les pertenecía, como tampoco tú me perteneces ahora a mí. Las personas que conocimos en la niñez, que amamos en nuestra juventud, que nos acompañaron siempre como medallitas al cuello o escapularios de Santa Gema —que nos recuerda, ay, el *memento mori* al que continuamente, mal que nos pese, estamos sometidos—, a los que siempre, también, les confiamos nuestra protección, vuelven luego en forma de manchitas amarillas a pasearse por delante de nuestros ojos. Y tan difícil como aprehender estas manchitas, así también, igualmente difícil y alocadamente quijotesco, dotar de nueva vida a las primeras. Porque los colores y los sabores, los olores y los amores de juventud, afirman que sólo existen porque forman parte del pasado.

¿Y qué decir del cálido río de mi infancia que deviene ahora en gélido mar tempestuoso?

Sí, mi niñez: una madeja de recuerdos.

Recuerdos son precisamente lo que ahora construyo para saber que no estoy solo. Como el cantaor de serenatas bajo un cielo índigo, aún tachonado de estrellas, como una miríada de bodoques en un vestido de niña para la Primera Comunión; o como la abuela, que hacía figurillas de pan y las colocaba sobre los artefactos de la cocina, y luego les iba hablando una a una, al tiempo que las mimaba, así yo, también, voy construyendo figurillas dentro de mí, rescatándolas de la ciénaga del olvido, pequeños pinochos a los que doto de vida con sólo el aliento de mi deseo. Dime, ¿en qué estrella duermes? Porque no eres tú el que ahora pasea por tu cuarto, como así te imagino, como tampoco eres tú el que se deshace de sus prendas y muestra a la noche sus hombros de atlante. Desnudo por tu cuarto, así te imagino, como así te imaginé en el borde de la piscina, o cuando surcabas sus aguas linfáticas, o cuando desafiabas con tus ojos de fiera salvaje la bravura orgiástica del sol. Desnudo por tu cuarto, desnudo tu torso y desnudas tus fuertes piernas, casi hercúleas ahora, impúberes antaño, cuando pensábamos que un beso llamaba a otro beso y era del cielo el lenguaje que usábamos.

Mas el cielo azur de esta noche hace que me acerque hasta la ventana, que aspire el aire, como si bebiera de ti, y sólo me lleno de no sé qué extraña soledad que tenazmente me ahoga. Sí, lo mejor será eso, que el camión de la basura pase cuanto antes y recoja la bolsa que contiene mis restos. Pero, ay, el camión de la basura sólo recoge los restos de quienes no sueñan, y yo sueño, porque no es sólo sueño la vida, es quimera, como quimérica es la luna que cargada de semen esta noche me mira, levantándose robusta y altiva por encima de la ventana. Dime, ¿en qué estrella duermes? ¿Qué demonio se oculta tras tu faz de ángel? La poderosa verga de la noche penetrará los cuerpos que se resisten a la mañana. Pero la noche se hace interminable cuando en el alféizar de sus ventanas se apoyan los corazones despiertos.

Sí. He pasado parte de mi vida trepando por los andamios de espino de la noche, y tengo las manos desolladas de tanto amar en silencio, y mi corazón está atravesado por una estaca de ladrillo.

La Lirio, la hermana mayor de Nikita la Mariquita, los hermosos hijos de la señora Fuensanta, fue elegida Reina de las Fiestas de agosto, aquel año en que, además de adolescencia, estrenábamos pantalones amarillos de campana y zapatos de plataforma y tacón que nos hacían sentir más altos.

A la Lirio vino a buscarla el alcalde en persona, ante la locura y el garbullo de la calle toda, que parecía sumergirse en el túnel fantasmagórico e irreal por el que se deslizaba el Tren de la Bruja. Nikita la Mariquita y yo, junto con otros chicuelos de la calle, como alocadas ménades azules y rosas, seguimos a la Lirio hasta el cine de verano, donde fue coronada, antes de que el cine de verano cerrara y se viniera abajo, como más tarde se vendrían abajo también muchas de nuestras ilusiones. Desde lo alto del estrado la Lirio se veía adulta, como nosotros nos imaginábamos también adultos encima de nuestros zapatos de plataforma y tacón. Luego, coronada la Lirio, bajamos al recinto de la feria, otro mundo, otro orbe, donde había sido instalada la carpa del Teatro Chino de Manolita Chen y unos carteles muy grandes anunciaban el nombre de Miguelito el Tonto. Mas el número de Miguelito el Tonto era sólo para adultos, así que hubimos de conformarnos con mirar a través de las rendijas que los salvajes del pueblo habían abierto a navajazos en la lona de la carpa. A Miguelito el Tonto lo vimos sólo de espaldas, completamente desnudo, bailando la danza del sable con su enorme polla colgándole entre las piernas, que luego él recogía y se la metía por detrás. Nikita la Mariquita dijo que no quería ver aquello, así que dejamos a Miguelito el Tonto metido dentro de la carpa haciendo aquellas cosas que tanto nos erizaban, y compramos nubes de algodón y azúcar, y paseamos por el recinto de la feria como animales a quienes se concede la libertad, henchido el pecho de gozo, como cuando un rayo de sol se posaba en el pupitre de la escuela cual una liana invitándonos a la fuga.

Aquel verano, aquellas ferias, aquella noche, conocimos a unos chicos hermosos de la ciudad, unos bellos muchachos que traían en la cara unos aires distintos a los nuestros, y montamos todos en los coches de choque, y subimos a la noria, y, cuando estábamos en lo alto de la noria, la noria se paró, y desde arriba, casi colgados del cielo, vimos en lontananza, al fondo, en el horizonte, las hogueras que los campesinos habían encendido para la quema de sus rastrojos. Los chicos hermosos de la ciudad, los que denotaban en su rostro el hallazgo de ese tesoro para nosotros todavía escondido, preguntaron que qué era aquello, y Nikita la Mariquita se lo explicó con risas muy pausadas, como si estuviera prolongando el dulce sabor de un fruto. Nikita la Mariquita se puso encarnado, porque uno de los chicos hermosos de la ciudad se le acercó y le susurró algo al oído:

—Eres mariquita, ¿verdad?

Y Nikita la Mariquita dijo que sí, y cuando bajamos de la noria y pensamos que seguiríamos toda la noche juntos, los chicos hermosos de la ciudad se largaron, porque, dijeron, no querían saber nada de maricones. Más tarde, esa misma noche, los sorprendimos con la Gorda, que era mala, disfrutando como dos lechones albinos, como potrillos fogosos, detrás de la carpa del Teatro Chino de Manolita Chen, con la portañuela abierta y la Gorda haciéndoles unas cosas que no llegamos a ver, porque nos llenamos de loca envidia y mortífera decepción y nos tapamos los ojos.

Cuando las tracas y los fuegos de artificio dejaron en el cielo un reguero y un perfume de pólvora en el aire, vimos de nuevo a la Lirio, la hermosa hija de la señora Fuensanta, la hermana mayor de Nikita la Mariquita, ligeramente inclinada sobre uno de los pretiles del jardín privado del Duque, bajo los cañones que el Conde de Fernán-Núñez arrebatara al almirante Blake y que posteriormente se incrustaron en el torreón desmochado que presidía Palacio, en compañía del alcalde y su hijo, quien apoyaba un brazo encima de los hombros de la Lirio.

Nikita la Mariquita y yo nos acercamos a beber a la Fuente de los Caños Dorados, la misma fuente en la que muchos años más tarde, como alma de difunto que sacia su sed en el Lethe, yo me acercaría para olvidarme de todo mi pasado. Aquella noche, junto a Nikita la Mariquita, bebimos de aquella agua especial de la Fuente de los Caños Dorados, y saciamos nuestra sed, y el mundo todo nos sonrió en forma de chiribitas que bailaban delante de nuestros ojos y hermosas perlas de transparente vidrio que caían de nuestras bocas. No sería así en el futuro. Cada vez que saciara mi sed en aquella fuente, el pasado volvería a mí en forma de vómito.

Más tarde nos dirigimos hasta la tómbola y jugamos. La casa se llenaba cada septiembre de los regalos que nos habían tocado en la tómbola, porque teníamos mucha y buena suerte para las muñecas uniformadas y cornetín al cuello, para los toros de Miura o Domecq que iban siempre acompañados de una altiva y delgada sevillana, para las tabletas de turrón duro que nunca nos atrevíamos a morder por temor a que saltaran por los aires nuestros hermosos dientes de porcelana fina, para los juegos de vasos, seis, seis vasos, seis, de cubalibre, blanco el fondo y dorado el borde, que luego nuestras madres exponían en las vitrinas de la casa como trofeos de guerra... Cuando nosotros sólo soñábamos con traernos de la feria un beso, siempre nos tocaba una muñeca *chochona*.

Claro que yo por entonces era sólo el epígono de una historia de amor aún inexistente. Al que yo habría de amar todavía no existía. Porque tú venías del final del arco iris.

Dicen que un hombre que olvida los cuentos de la infancia es un hombre ajeno a la vida. Cada beso llama a otro beso, no lo olvides, porque en el tacto delicado del beso, en la humedad por la que se desliza, está contenida la historia más hermosa de todos los cuentos.

No.

De repente no fue el último verano. Cuando de chicuelos nos picaba una avispa corríamos a ponernos un emplasto de barro y vinagre para mitigar así la hinchazón. ¿Debo ahora embadurnar de igual modo las heridas que en mi corazón no cicatrizan? ¿Ves como tengo razón?: aquel no fue el último verano, por más que sobre mi cabeza siempre se pasee un cielo de amianto, anubarrado e incierto; que tiemble de amor como tiembla la rama cuando el viento quiere violarla; que intente detener el curso de mis recuerdos de la misma forma que cuando chicuelos interrumpíamos el firme reguero de las hormigas lanzándoles un escupitajo; por más que la palabra «Hola» ya se haya gastado en la alfombra...

Pero no te preocupes, que no estoy solo. Para expresar mi dolor no necesito desgarrarme las vestiduras, ni arañar de manera cruenta la piel que me cubre. De vez en cuando el corazón lo hace por mí. De vez en cuando se para, o me da punzantes manifestaciones de su existencia. Pero no. No estoy solo. Tengo a las moscas, que nunca me abandonan. Tengo a las moscas, ya digo, que no sé si son las de todos los veranos, o se turnan, y se chotean, y se chivan, y les dicen a sus compañeras que acá arriba, en la recámara, en el acorazado de sol y luz, de hielo y frío, hay un cuerpo desnudo, un cuerpo desnudo y laxo que se deja picotear...

Las moscas se deslizan por el tobogán acaracolado de mi oreja, me acarician la palma de los pies, caen atrapadas, se pierden, en la floresta ennegrecida de mis testículos, corretean por mi glande, hacen una parada, se bañan, en la laguna artificial, insalubre, del hueco de mi ombligo, mordisquean mis pezones, se posan mortecinas en mis labios, me dan de beber, creyéndome muerto, tan poco me excitan, o las excito, que ya corren raudas a bajarme los párpados. Yo las rechazo una vez, dos, no más; luego las dejo hacer, no puedo resistirme. Claudico, me abandono, como lo hace el amado ante la reiterada insistencia de quien así lo ama.

Ay, las moscas.

¿Pero quién llegará del sol un día cuando el mundo gire en torno a mí vertiginoso?

Al final de la calle, antes de que tú te instalaras en ella, en esa tierra de nadie que luego se comió la nueva carretera, construyeron las últimas casas del pueblo, unas casitas de cal, de dos plantas, con adornos de madera en las puertas y ventanas, que pronto el sol y la lluvia echarían a perder.

En una de esas casitas, como en reducto de sol y de vida, alejados de todo, tenían el taller de costura Rafalín y su esposa, Airini Alder. Airini Alder, a quien los argos de los cien ojos llamaban la Virgo Intacta, venía de un pueblo de al lado, con muy mala fama por haber tenido relaciones sin nombre, y cazó a Rafalín, un descendiente directo de los primeros alemanes que repoblaron la sierra en tiempos de Carlos III. Al taller de Rafalín, el costurero, el maestro que enseñaba a bordar a las mozas casaderas del pueblo, acudía la Lirio, todavía con la vitola de reina —pues desde que fuera coronada, decían las vecinas, se daba muchas ínfulas—, por más que las ferias de agosto ya quedaran muy lejos, en compañía de otras amigas, a preparar el ajuar, un ajuar inútil que a muchas de ellas se les apolillaría en el fondo de los cajones de la cómoda, como apolillado y seco, decían, estaba el vientre de Airini Alder, la Virgo Intacta.

Rafalín, el costurero, el maestro que enseñaba a bordar a las mozas casaderas del pueblo, tenía el pelo muy largo y muy rubio, como si llevara una imposible peluca, y de él se decía que había cosido el traje de novia de su prometida como si fuera a ponérselo él mismo. A través de las persianas del taller de Rafalín el sol entraba como partido en rodajas, y esas rodajas de sol que clareaban el lugar y hacían sentir a las mozas como si estuvieran en el limbo, también proyectaban hasta el exterior los destellos irisados de la estancia, por los que se deslizaban las conversaciones picantes, no exentas de romanticismo, de las muchachas bordadoras, los ecos de la radio, en aquellos tiempos en que había radionovelas, y las voces de Matilde Vilariño y Guillermo Sautier Casaseca que, a Nikita la Mariquita y a mí, mientras esperábamos la salida de la Lirio, se nos quedarían grabadas como un tatuaje hecho con fuego en nuestra piel que habría de acompañarnos de por vida.

Las mozas casaderas, las bordadoras, los silos llenos de ilusiones y sueños, salían del taller de Rafalín en gorjeante bandada, algunas con el bordador bajo el brazo, otras, las más, pasándose las fotonovelas de Corín Tellado, esa biblia, escalera, rosario y testamento particular, por la que alguna vez, ahítos de desconsuelo y cuita, habríamos de subir Nikita la Mariquita y yo.

A la Lirio, a quien esperábamos por expreso deseo de su madre, la señora Fuensanta, para que no pecara mientras gozaba, también la aguardaba a la salida del taller su pretendiente, el hijo del alcalde, un apuesto mozo del que nosotros no tardamos en enamorarnos y que siempre nos invitaba a un helado o a un refresco para que los siguiéramos de lejos.

Cuando languidecía la tarde y en un horizonte inflado de lirismo se apagaban las últimas brasas del día, el hijo del alcalde, el apuesto pretendiente de la Lirio, se la llevaba hasta los muladares, a la salida del pueblo, en la estacada que otrora fue del Duque, en las proximidades de un taller de mecánica, y se metían en el interior de un auto herrumbroso. Nosotros, más que vigilar, más que evitar los desaliños que aquel amor podía ocasionar en la persona de la Lirio, lo que queríamos era ver, pero no a la Lirio, sino a su apuesto pretendiente, a aquel torso moreno, a aquella cabeza altiva, a aquellas manos tan grandes —que las vísperas del Domingo de Ramos obsequiaron a la Lirio con un almendro arrancado de cuajo, como símbolo quijotesco y monstruoso de su amor—, moldeando, caldeando, haciendo gozar a la hermosa, ilusionada y, por entonces envidiada de la Lirio.

La noche fabrica soledades. ¿Qué tengo yo? Por lo menos Homero tenía a Príamo que besaba las homicidas manos de Aquiles; Sófocles tenía un rey que desciframba enigmas y a quienes los hados harían descifrar el horror de su propio destino; Lucrecio tenía el infinito abismo estelar y las discordias de los átomos; Dante, los nueve círculos infernales y la Rosa paradisíaca; Shakespeare, sus orbes de violencia y de música; Cervantes, el afortunado vaivén de Sancho y Quijote... ¿Pero qué tengo yo?

Yo sólo tengo recuerdos como tacitas blancas de porcelana que saco de la alacena de mi memoria y distribuyo sobre la mesa de la cocina, de igual modo que la abuela, cuando chicuelos, exponía sobre tablas de madera las rosquillas de vino para que se secaran. De madrugada, a hurtadillas, siguiendo a tientas el camino que abría el olor de aquellas rosquillas, yo bajaba desde la recámara para observarlas, devorarlas, hacer que aquel intenso aroma de vino y miel penetrara en mí. Ahora, casi todas las noches, en pesadilla sudorosa de locura, bajo al patio embriagado de flores y con la yema de los dedos acaricio la maceta de albahaca para que, como lámpara de Aladino, de ella salgas tú. A veces tengo suerte y brotas como un hermoso capullo acunado por el embriagador y penetrante aroma de la insinuante y voluptuosa dama de noche. Otras veces la suerte no está conmigo y tengo que elaborar, como avezado alquimista, la fórmula secreta para que de ella salgas tú: entrecierro los ojos en un simulacro de intenso placer; siento en torno a mí una atmósfera de desbordamiento inminente; al fondo, en el horizonte, después de la tormenta, el cielo se desgarra en jirones y deja al descubierto unas heridas rojas y amarillas, como una granada brutalmente hecha pedazos... Eres tú, atezado tu rostro, en el borde mismo de la piscina, dentro del traje de los dieciséis años con que te vestía la vida; son tus ojos, cuyo reflejo azuleaba el agua, los que se han detenido por un instante para mirarme a mí; son los resplandores auríferos del trigo, ya celosos de tu pelo, los que han cegado mis ojos y han hecho que aparte el libro que tengo entre las manos como el que pisotea un manojo de margaritas a las que constantemente interroga sobre la veracidad sin rumbo de su destino...

Sí, en verdad dicen que para conseguir la flor más hermosa siempre hay que sacrificar varias. Y que Dios me perdone, pero eso fue lo que hice.

Los amores locos de la hermosa de la Lirio, la hermana mayor de Nikita la Mariquita, los hijos de la señora Fuensanta, con el apuesto hijo del alcalde; aquellos polvos de herrumbre que él le echaba en el interior de los autos abandonados en los muladares del pueblo; sus continuos morreos en las esquinas de la calle, cuando él la acompañaba a casa, bajo la atenta vigía de los orfebres nocturnos, escondidos ahora tras las persianas, pronto fueron de dominio público, pues, para quien no se hizo eco de ellos, la Gorda, que era mala, se encargó de pregonarlos.

La Lirio no quería para sí un amor de agotamiento y cansancio que sobrepasara los ocho o diez años de noviazgo, un amor, como planta agradecida, que pronto nos olvidamos de cuidar. La señora Fuensanta, la madre de la Lirio, pensando tal vez en aquel conocido refrán de que la vara hay que enderezarla cuando está verde pues, si la dejas secar, parte, accedió entonces a que el apuesto pretendiente de la Lirio, el hijo del alcalde, llegara hasta la puerta de la casa a recogerla y, bajo el cielo índigo de las tardes de verano, cuando el sol del atardecer chorreaba como miel líquida por las fachadas de las casas, pasearan cogidos del brazo por las calles y callejuelas del pueblo.

Durante el invierno, en que la pareja se veía en el portal de la vivienda para pelar la pava, según decían con resignada envidia los argos nocturnos, los amores hidrópicos de la Lirio fueron vigilados primero por la señora Fuensanta desde el comedor; más tarde pasó el testigo a Nikita la Mariquita, quien ejercía su papel de espía desde la sala, con un ojo puesto en la pantalla del recién estrenado televisor y el otro sobre el apuesto pretendiente de su hermana mayor. Aquel cargo que ejercía con ostensible desidia Nikita la Mariquita —un cargo heredado como los pantalones del hermano mayor o el traje para la Primera Comunión que nos cedía algún lejano pariente— pronto hizo aguas, pues la pareja, cada vez más y más acurrucada en un rincón del portal, aguardaba el paso de algún motor para hacerlo coincidir con sus jadeos, de igual forma que, tras el ajetreo insistente de algún somier de la casa propia o vecina, oíamos luego, a la par que un portazo, un grito ahogado, cavernoso, triste y sensual procedente de la miseria sexual de nuestros padres o vecinos.

No.

La Lirio no quería vivir su amor con el mismo rubor y vergüenza con que las mujeres cuarentonas ocultaban su embarazo ante las aviesas miradas de las vecinas, así que pronto abandonaron el portal de la casa, los rincones testigos de sus polvos metafísicos, y salieron a la calle, y fueron al cine de invierno, y nosotros, Nikita la Mariquita y yo, detrás de ellos, convidados por la señora Fuensanta, y gracias a ellos y a la generosidad de la propia señora Fuensanta, cambiamos la sesión de tarde por la sesión de noche en el cine, no obstante atarantados de sueño.

En el cine de invierno, la Lirio y su apuesto novio se sentaban al final de la sala, en un extremo de la misma, ajenos a la pantalla, y el amor loco de la Lirio empezaba cuando se apagaba la luz, como para la mayoría de muchos matrimonios, quienes intentan poner algo de claridad al amor triste en que viven. Nosotros, ya digo, abrumados de sueño, mirábamos a la pantalla, y recordábamos una frase que habíamos oído en la calle, esa primera y definitoria escuela, y que decía que amar era como comerse un pastel. El rostro demudado, el de la Lirio y el nuestro —el de ella porque se comía el pastel de manera tangible y el nuestro porque caíamos en los brazos de algún valiente romano que rescataba de las profundidades oceánicas a una hermosa princesa—, daba luego paso a unos ojos de pupilas contraídas y a un efervescente picor en la boca del estómago, como si tuviéramos espasmos de colon, que nos hacía entumecer los miembros.

Nunca supimos a ciencia cierta si fue en el coche herrumbroso, o en las esquinas de la calle, o en los rincones obscuros, umbrosos, satánicos y desesperados del portal, o en aquellos butacones incómodos del cine de invierno, o en los guateques a los que también acudimos después, ya como guardaespaldas oficiales de la Lirio, bajo el cielo de las noches de diciembre, en las primicias o en los días postreros a las fiestas de Navidad —esos guateques, esas fiestas, esas noches de rojo obscuro, como un rojo surgido de la noche, en que también nosotros descubrimos que amar podía dejar de ser un sueño solitario, cuando acompañábamos a los jóvenes mozos borrachos a sus casas, y dejaban caer su cuerpo todo encima del nuestro, y nuestras manos (¡qué rápidas aprendieron!) les erguían la cabeza, se perdían en los recovecos de sus frágiles cinturas, les acariciaban la cara llena de juventud campesina y les pasábamos un dedo por encima de sus sinuosos labios, robándoles un beso mientras les hacíamos creer que les limpiábamos la baba—, cuando corrió, como pólvora que escupe el diablo, la noticia de que la hermosa de la Lirio se había quedado preñada.

Dicen que la espera del milagro se refuerza con los fracasos.

Desde hace algún tiempo vivo según el sueño —yo siempre vivo colgado de un sueño— de que volverás a mí un día. Y no sabes lo a gusto que me encuentro.

Porque así como el monstruo de Frankenstein no se supo abominable hasta que, reflejada su horrorosa imagen en las aguas del lago, fue capaz de confrontar su fealdad con la belleza infantil que le rodeaba, así yo, tampoco, fui consciente de mi diferencia hasta que, frente a mí, la llama que desprendía tu cuerpo desnudo hizo arder rápidamente el mío como una pavesa a merced del viento.

Claro que ese ardor, esa llama, esa ciénaga dorada que era el mar de mi sexo aún puro, se despertó ya en aquellas noches en que acompañábamos a la hermosa de la Lirio y a su apuesto pretendiente a las sesiones nocturnas del cine de invierno, y así como años más tarde mis ojos sólo se abrirían para mirarte a ti, aquellas noches iniciáticas a la vida y a los dolores parturientos de la vida también se abrieron ante los cuerpos desnudos, hermosos y bellos de los jóvenes inalcanzables que salían a saludarme a la pantalla.

Sí.

Es verdad.

El hombre piensa por instinto, y ama igual, y besa, porque una fuerza suprema e interior mueve la maquinaria invisible de los sentimientos. Invisible. De los sentimientos. Mas mis sentimientos, aunque me pese, estaban ya a flor de piel, por más que, una vez que Nikita la Mariquita se fue a Barcelona, yo empecé a salir con los otros chicos de la calle, y otras chicas de la misma calle o de las calles vecinas, y hacíamos grupo, y formábamos pandilla, y juntos, en grupo, o en parejas rezagadas al final del grupo, acudíamos al cine, a las ferias, a los patios en flores y a las fiestas de las Cruces en mayo. Qué mareo, qué ansiedad, qué vacío sentía en mí de ti aún inexis-

tente. Luego, con la luna sobre mis espaldas, esa luna de semen que tantas y tantas caricias de amantes anónimos contempló —la misma que hoy vierte sobre mí su leche mortecina y tétrica—, volvía a casa, arrastrando cual preso sus cadenas, esas nocturnas hipotecas del alma, e inventaba un mundo, al igual que hoy lo reinvento, o recompongo con los recortes que me quedan, y me asía a la campana de semen de la luna, como a un mastodóntico prepucio, y penetraba en ella, y lejos de asfixiarme, como sería lo lógico, me daba vida, como vida le daba al polluelo medio ahogado por el calor de la siesta el agua fresca que le llegaba a través de sus patitas cuando lo metíamos en una palangana para que se reanimara, como vida me daban a mí también las argénteas estrellitas que pegaba en el cristal de la ventana, por la que ahora hablo, y miro, y vivo, y las lunas purpúreas que colgaba del techo en finísimos e invisibles filamentos de seda, y los soles áureos a los que yo aproximaba mi rostro para que de este modo no desfalleciera.
Sí.
Aquellos días que yo torné noches y aquellas noches que yo torné días derivaron luego en paraísos para los que yo no tenía previsto infiernos. El único consuelo que ahora me queda es saber que así como la amistad no se mide por la frecuencia de las visitas, tampoco la intensidad de un amor por el número de besos. Como las metáforas, los amores comunes son los mejores, porque son los únicos verdaderos.

La boda de anoche fue un timo, decían los argos nocturnos de la calle, los de los cien ojos, con el buche lleno, a la puerta de sus casas, sentados en sus sillas de anea y contemplando boquiabiertos el errático devenir de las estrellas.
La boda de anoche fue un timo, decían refiriéndose a la boda de Rafalín, el costurero, el maestro que enseñaba a bordar a las mozas casaderas del pueblo. Un timo, porque no

se comieron lo que les habían dado de «escalabraúra», porque pasaron calor, y hambre, porque, en el refrigerio, sólo había papas y más papas.

La boda de Rafalín, el costurero, el maestro que enseñaba a bordar a las mozas casaderas del pueblo, con la forastera Airini Alder, la Virgo Intacta, fue un timo, por más que el bueno de Rafalín coleccionara durante años en los cajones de su peinadora las vitolas de los puros de las bodas a las que asistía, en las que todavía se podía leer la fecha y el nombre de los contrayentes, así como los alfileres del vestido de novia de las novias que él mismo vestía, y los guardaba luego en una teca de oro, enterrados en polvos de talco, confiando en que algún día a él le traerían buena suerte.

Rafalín, el costurero, y Airini Alder, la Virgo Intacta, de quienes los argos nocturnos, esos sátiros que leyeron de matute a los clásicos, decían que se parecían mucho por detrás —el mismo tema con variaciones o variaciones sobre un mismo tema—, se juntaron sin conocerse, vivieron sin amarse, murieron, igualmente, sin llorarse. Pero antes, Rafalín, de quien se decía que andaba un poco al garete, fue el hombre-fiesta que rescataba las tradiciones culturales del pueblo, participaba en la decoración de los patios en mayo, adornaba las Cruces con flores naturales que él mismo cortaba o con flores de tela que también él mismo hacía, como hizo también, de madrugada, cuando pensamos que se apaga la vida, el vestido de novia que luciría una mañana espléndida de domingo Airini Alder frente al altar.

Rafalín, el costurero, el maestro que enseñaba a bordar a las mozas casaderas del pueblo, puso de moda las carrozas adornadas de guirnaldas y palmeras para las fiestas de San Isidro, e instauró unos premios que él siempre ganaba, en aquellos días en que en el borde de su mirada ya le afloraba una sombra luctuosa y esa sonrisa en el rostro de quienes viven para adentro. Rafalín conoció a la forastera Airini Alder en la estacada del Duque, en aquel lejano y ahora yermo vergel en el que desembocaban las carrozas engalanadas de San Isidro. Rafalín, víctima ya de los pensamientos impuros que despertaban en él los mozos de camisa entreabierta y botella de moriles en la mano, sabedor de que sus sentimientos manidos andaban ya de boca en boca, consciente de que el pueblo estaba poco dispuesto a aceptar la condición humana —ese pueblo, qué guerra, para quien el hombre soltero, libre, es un trasto inútil, un tormento de hombre, una esclavitud libertaria—, sacó a bailar a Airini Alder, en graciosas y chispeantes cabriolas, y el pueblo, tan lleno de éxtasis soterrado como de fino vino y jubileo, aplaudió con pitidos y aplausos la sabia decisión de Rafalín, el costurero, el maestro que enseñaba a bordar a las mozas casaderas del pueblo.

La boda de Rafalín fue un timo, por más que don Pedro, el cura, el diablo con sotana, que exhortaba cada domingo a sus feligreses a que escucharan mientras él les hablaba y Nikita la Mariquita y yo, disfrazados de monaguillos, hacíamos sonar la campana arrodillados a los pies del altar mayor, anunciara un domingo henchido de sol, durante la misa de doce, encaramado en lo alto del púlpito, la boda de Rafalín con Airini Alder, y arrancó una sonrisa a sus feligreses, una carcajada, un aplauso, y dijo que acudiéramos todos los presentes, al domingo siguiente, porque se casaba un hijo del pueblo, un modelo. Nikita la Mariquita y yo acudimos, a ritmo *allegro un poco agitato*, frotándonos los ojos con nuestras pueriles manos, como si pretendiéramos deshacernos de unos sueños enmarañados, aún muy pequeños, con pantalones cortos y calcetines altos que nosotros nos subíamos hasta por encima de las rodillas, como unas falsas botas que habíamos visto en las piernas de las heroínas de las fotonovelas de Corín Tellado, y lanzamos flores blancas al paso de Rafalín y Airini Alder, como blancos también eran el vestido de ella y el traje de él.

Las campanas de Abencaes de la hermosa iglesia de Santa

Marina de Aguas Santas tañeron en melodiosa armonía; hubo fuegos de artificio, cohetes, globos que se lanzaron al cielo y vuelos rasantes de palomas torcaces que los conciudadanos soltaron desde lo alto de sus azoteas. Pero la boda de Rafalín fue un timo, porque hizo mucho calor, y el pueblo, insaciable, no quedó satisfecho con el ágape con el que Rafalín pretendió obsequiar a sus invitados.

¿Qué hago yo con una mujer? —parecía preguntarse el pobre de Rafalín mientras sus invitados se zampaban las papas—, ¿qué le meto? Y Rafalín sufrió un vértigo a causa del calor, y cayó inesperadamente enfermo de tiempo, víctima de indeseadas ausencias, y don Bartolomé, el practicante, le recomendó que la noche de bodas guardara reposo, que la pasara solo en su alcoba. Rafalín, con el misterio de esa noche prendido de por vida en sus ojos, se hastió de estar casado al tercer día, por más que a los argos nocturnos les diera por afirmar que dos que duermen en el mismo colchón se vuelven de la misma opinión. Colchón, lo que se dice colchón, no compartieron, porque a Rafalín le repetía el vértigo de hito en hito, y se descuidó, y descuidó también sus funciones de marido, no así su taller de bordados, aunque alguna vez, según decían los argos de los cien ojos, a través de las rendijas de las persianas por las que veían, el cuerpo excitado, desbocado y loco de Airini Alder saltara sobre el indefenso cuerpo de Rafalín, el costurero, como quien pretendiera arrancarle unas notas a una guitarra a la que le faltaran las cuerdas.

Rafalín, con el paso del tiempo, se dejó barba, se dejó cubrir de una gruesa costra de desdén y desprecio, salió cada vez menos a la puerta de la calle, a evocar el pasado o a darle pequeños mordiscos al presente, y una mañana, después de un grito nocturno que hasta los gallos se destemplaron, el cuerpo sin vida de Airini Alder apareció atravesado por el palo de la escoba, como si fuera un pollo listo para el asado.

La naturaleza muerta de la casa. De las partes de la casa. La naturaleza muerta de la casa, de las entrañas de la casa, como un ente abstracto, sempiterna entelequia de volátil remembranza que semeja a la burbuja de agua y jabón que desde lo alto de la azotea lanzábamos Nikita la Mariquita y yo, en lejanas y calurosas tardes de verano, augurando ya la brevedad del tiempo y el desvanecimiento de lo que luego sólo habría de quedar himeneo y doloroso recuerdo. Lo que llamamos morir es acabar de morir; lo que llamamos nacer es empezar a morir; lo que llamamos vida es vivir muriendo.

La naturaleza muerta de la casa cuando yo zascandileaba en la tarde, abría las horas también muertas, penetraba los minutos. Por doquier, tu lleno de vida desperezo, como flamígeras sombras de agonizante hoguera que antaño fuera rama de hiperbórea llamarada. La naturaleza muerta de la casa.

La casa, las entrañas de la casa, como el regato de nuestro amor, poco profundo, apenas la astilla de un tronco, se quedó muda, henchida de tremor, como si un mortífero rocío la hubiese penetrado por los poros hasta los tuétanos. Muda de palique y cháchara, la casa; muda de música y de bizarro movimiento, sus entrañas; quieta y gris, si no fuese por el blanco que amortajaba los muebles; olvidadiza y olvidada, como un ingente mar desmemoriado, presa en las redes a la deriva de un tiempo traslaticio, siempre en brumoso y constante recuerdo, hacia ese océano final, la consabida muerte.

Más silenciosa la casa que una noche entrecruzada de silencios, las sábanas, de un rosado de muerte, antaño juguetonas y cómplices con los pliegues de nuestro cuerpo, pecaminosas sábanas también, testigos coetáneos y mudos de nuestro amor, dobladas ahora sobre las sillas, como visitas de paso, marionetas a las que nadie osaría nunca más dotar de vida. Ojo como un ópalo frío y errante, ahora, las toallas que secaron tu crespo pelo, cuelgan en el lavabo y dicen como yo, sin ti estoy perdido, qué trasgo o cabrón se esconde en mis rizos americanos, como un virus de muerte, imposible ya combatir ese infierno que hay dentro de todo paraíso. La naturaleza muerta de la casa.

Todavía, el respirar avieso de una mina oculta, el libro que leíste, la huella que dejaste en el cubierto, el mechón de pelo —que sé a ciencia cierta que no es mío— prendido en el cepillo, aferrado como costra, en intangible e inerte sueño, gatopardo numantino que se resiste a aceptar el desmoronamiento de un imperio sobre ti construido.

La ausencia de los placeres de antaño no puede ser el origen de los tormentos de ahora. ¿O sí? La clave, el beso, los séricos destellos de tu mirada que cegaron prontamente la mía, ese beso promisorio como la clave de un mundo por descubrir, ajenos a las zacapelas nocturnas de los muchachos, con el que pensábamos que aventaríamos, yo, mi soledad, y tú, tu ambiguo desconsuelo, aquella lejana tarde —¡qué lejos!—, en que en el horizonte se consumía un fuego y sobre las plantas de los patios caían las pavesas como una lluvia negra de agosto.

Ese instante de felicidad que experimentamos al entrar en un café o en el zaguán de una vivienda, sabiéndonos protegidos del frío o de la lluvia de la tarde, sólo comparable a aquel otro que retoza en nuestro interior, sale a la vida, como la carne de un jugoso fruto, cuando suena el timbre de la casa, cuando llama el cartero, o cuando el teléfono nos despierta de improviso, vierte sobre nosotros los recuerdos, no sólo los recuerdos, sino el olor también, y el sabor de unos labios, la suave caricia de una lengua que se enreda en la del otro, y escala altiva y segura, al cielo, camino del paladar. Ese instante de felicidad, ya digo, la sangre que todavía corre por mis venas, el aire que todavía penetra en mis pulmones, la luz cegadora del amanecer y la obscuridad nocturna de la noche.

Invoqué a los dioses fronterizos, hijos del sexo primigenio que adamaban a la sombra del jardín.

La Lirio tuvo un hijo con la cabeza grande, como grande fue siempre su amor por el apuesto hijo del alcalde, pero tanto uno como el otro le duraron bien poco a la hermosa de la Lirio. El apuesto y hermoso hijo del alcalde se desentendió pronto de ella, no quiso saber nada de su amor ni del hijo feo que habían tenido entre ambos.

La Lirio tuvo un hijo con la cabeza grande, en aquellos días en que se paría y se moría todavía en las casas, y a la Lirio se le quebraron sus labios de vidrio, porque el hijo feo de la cabeza grande no quiso salir, y al final lo hizo de culo, y la Lirio maldijo los deseos delicuescentes de los que había sido víctima, cuando las vecinas hubieron de amarrar al hijo feo de la Lirio por los pies, con un cabestro con el que amarraban a las bestias a la puerta de las casas, y la Lirio, bañada en sangre, mandó que se le apartara su hijo, y el muchacho fue apartado al fondo del corral, como una planta deslucida que, sin marchitarse del todo, se arrincona en un hueco del patio porque ya no nos satisface con sus recuerdos.

La Lirio tuvo un hijo con la cabeza grande, una cabeza monumental tipo olmeca, una tarde de sol, de un calor de muerte, mientras los perdigones cantaban o se ahogaban en el interior de sus jaulas verdes que colgaban de las paredes de los patios, y un aire de arcilla reseca de agosto azotaba los rostros de las voluntariosas comadronas. La Lirio tuvo un hijo con la cabeza grande, antes de que parir en los hospitales se pusiera de moda, como morir, porque el hijo feo de la hermosa de la Lirio nació en casa, en una cama que no compartió nunca con nadie, porque el amor loco de la Lirio con el apuesto hijo del alcalde fue un amor de rincones obscuros, de muladares hediondos, de colchones ajados y de butacas de madera en el cine de invierno.

El hijo feo de la hermosa de la Lirio nació en casa, y toda la casa olía al mismo tiempo a vida y a muerte, a vapor de agua hirviendo para el primer baño del recién nacido y a chocolate espeso con el que se alimentaban y se mantenían en pie los integrantes del duelo; a ropa blanca y recién tejida con que cubrieron la cabeza deforme de la criatura, a un olor profundo y largo, como proveniente del fondo de los baúles, que dejaba a su paso el traje que le serviría de mortaja, como un objeto rescatado de la ciénaga que se trajera adherido en sus pliegues algún rescoldo consigo; a colonia, fría y diáfana, y al pulverizador para matar las moscas que se lanzaba por encima de la caja del muerto, y caía luego sobre él, como una transparente y cansina sábana, espesa y húmeda, también, que arrastraba a su paso a los insectos que merodeaban la cabeza mastodóntica del hijo feo, y que se deleitaban después, como en un inconsciente postre bacanal, con los bordes de las tazas pringados de chocolate.

La Lirio dio a luz y penetró al mismo tiempo en las sombras, porque cayó en la cuenta de que los besos mortales que le asestara el apuesto hijo del alcalde estaban minados, y esas minas estallaron luego en su interior, cuando la desgarraron por dentro para que echara afuera al hijo feo y deforme que había engendrado.

La Lirio enloqueció de dolor y muerte cuando el tañido quejoso de las campanas de Boabdil la despertó de su anhelado sueño, como un instinto ciego y mecánico, y vio una caja blanca elevarse, como un globo —como aquellas burbujas de agua y jabón que Nikita la Mariquita y yo lanzábamos en calurosas y hastiadas tardes de verano desde lo alto de la azotea—, cuando el sol y el llanto descansaban sobre las espaldas de las plañideras, sobre las cabezas de las gentes del pueblo, y cayó otra vez en la cuenta de que en aquella caja de zapatos estaba el resultado de todo su loco e inconmensurable amor por el apuesto hijo del alcalde.

Al niño blanco con su traje blanco dentro del ataúd blanco lo metieron en un nicho de mármol blanco, y sus amiguitos dejaron a los pies de sus zapatitos blancos ramos de lirios, de lirios puros, amarillos y blancos. La Lirio, enloquecida, cuando

por la comisura de las cortinas chorreaba la miel líquida de la tarde, no veía al hijo que emparedaban, sino al amor loco que para siempre se le perdía. Y la luna blanca con su manto blanco tendió un velo sobre el camposanto y se llevó al niño de traje blanco dentro del ataúd blanco con las manos y el pelo llenos de lirios, de lirios amarillos y blancos, de puro blancos. La Lirio dejó de existir, apuró el cáliz hasta las heces y se le fue la cabeza, como decían las vecinas. Su alma herida se consumió, y penetró en el obscuro y loco, en pos de una ilusión, túnel del sueño. En medio de esa manigua de formas absurdas y devorantes, la Lirio nunca más volvió a la realidad.
Porque ¿quién no ha cruzado nunca un sueño?

Yo ya tenía esa edad en que la música le trae recuerdos a uno y los olores configuran una estampa en la memoria donde se agazapan las fotografías de la gente que ya se ha ido.
Cuando caí atrapado en el azul de tus ojos —de un azul transparente de mar apenas en ciernes—, yo ya sabía, por ejemplo, que para los últimos días de las ferias de agosto refrescaba y que debíamos bajar al recinto ferial con una rebeca echada sobre los hombros; que una cicatriz o la fractura de un hueso de cuando chicos —cuando escalábamos las moreras en busca de hojas para nuestros incipientes gusanos o cuando, alocados por la edad incierta de la adolescencia, la emprendíamos contra los otros chicos de la calle a aceitunazo limpio desde lo alto de los olivos— podía servirte luego de barómetro para el resto de la vida; que la nube que se instalaba a finales del verano por encima del orbe del campanario de la iglesia de Santa Marina de Aguas Santas, pronosticaba días de lluvias para la época de Todos los Santos y que posiblemente nos chafara nuestra invasora visita a los pueblos vecinos, en que éramos recibidos a pedradas o saludados los otros de igual modo; que un cielo raso, aun tachonado de

estrellas, no garantizaba un día de sol a la mañana siguiente, y, sin embargo, si esto ocurría durante siete días seguidos durante el mes de noviembre, sí que podíamos contar, entonces, con un frío de perros para la noche de San Diego, cuando cubríamos de greda la cerradura de las casas vecinas y bajábamos luego a la plaza a instalarnos en torno a una ingente hoguera prendida en el centro, y comíamos de un perol gigante unas exquisitas gachas de leche, harina y canela, en las que había camuflado un trozo de corcho de una botella de vino y aquel que lo encontrase en su cuchara debía saltar desnudo sobre el fuego alto, infernal y diabólicamente orgiástico, de la hoguera; que las fiestas del Jueves Lardero eran muy antiguas y se remontaban incluso más allá de la infancia de nuestros abuelos —luego supimos con el paso del tiempo (¡cuántas cosas nos enseñaría El Tiempo!) que estaban relacionadas con la capitulación de Granada de 1.492, y que el IX Señor de Fernán-Núñez, el jueves anterior al Domingo de Quincuagésima (Carnaval), celebró el magno acontecimiento en los bellos parajes de El Pozuelo, donde fueron invitados todos los habitantes de la Villa y de los pueblos vecinos, en una suerte de espléndidas bodas de Camacho—, fiestas en que nos comíamos el famoso hornazo de hojaldre, cabello de ángel y un huevo en el centro, que Nikita la Mariquita y yo dotábamos de vivos colores en la noche de vísperas, para que, en la cesta de mimbre, no se confundiera con el de los otros chicos...

Sabía también que durante años habíamos estado atados a unas tradiciones, sin saber por qué ni para qué, y sin saber por qué, igualmente, a aquél o aquélla que no las respetara, se le señalaba prontamente con el dedo; que don Pedro, el cura, el diablo con sotana, había tenido un hermosísimo hijo con una beata y que los girasoles, cuando mueren, hacen que el sol se entristezca; que se puede gozar del cuerpo, solo o en compañía, pero que hay noches y días en que uno necesita a alguien, porque de la misma manera que no se podía hacer una tortilla sin romper los huevos, según decían los argos nocturnos cuando hablaban de sus aficiones culinarias o del sin sentido de la vida, tampoco podemos prender una hoguera sin fuego. Todo eso sabía yo de la vida cuando llegaste tú, cuando las pavesas mantenían su secular costumbre de revolotear en las tardes de agosto sobre las plantas de los patios, como enviadas por un druida benéfico, y años hacía que habíamos dejado de meter las manos en el agua de la pila, en un musical y vertiginoso chapaleteo, para refrescarnos del calor reverberante de la tarde o ensoñarnos en la cresta de aquellas espongiarias olas, a las que pronto acudían las avispas a abrevar.

Que todo el mundo necesita encontrar razones a su amor, y que cuando a la Virgen de Fátima, que mamá tenía encaramada encima del televisor, se le cambiaba el manto de color azul a un color rosáceo y macilento, se acercaban las lluvias, las mismas que luego caerían sobre los tejados de las casas, y de éstos a las baldosas rojizas y desgastadas de la azotea, en un evohé de música y fantasmas somnolientos, y entonces llegaba el momento de, con el cobertor hasta la barbilla, calentada la cama con las brasas que todavía ardían en el interior del ignito brasero, acunados en la mecedora de las lluvias mientras oíamos el incesante gorgoteo de la lluvia sobre las baldosas de la azotea, pasar revista a las acontecimientos del día, y dejar colgados en la cuerda del tendedero los sueños, que si bien no crecerían —como tampoco nos crecía el pelo con el agua de la lluvia, en contra de las opiniones de nuestras madres (sí que crecían, en cambio, los geranios, los helechos, la planta de albahaca y el rosal del que siempre se desprendía una flor: pura y simple escenificación de la naturaleza muerta)—, por lo menos la lluvia los limpiaría de los deseos impuros, y diluiría en lágrimas de bronce los labios, los ojos y el sexo aún no visto, pero soñado, de los muchachos a quienes, en tardes de aburrimiento y asco, seguíamos Nikita la Mariquita y yo por los caminos de la nueva carretera u observábamos, salvajemente, con nuestros ojos sedientos y hambrientos de no sé qué extraño alimento, mientras jugaban al fútbol y sus cuerpos adoptaban impensables formas y figuras, y a la mañana siguiente podríamos recogerlos como recogíamos la muda que nos habríamos de poner limpia oliendo a alhucema mientras había sido secada en los contornos del ignito brasero.

Que ese extraño placer que experimentábamos al meternos en los charcos, como si aplastásemos en ficticia vendimia una rabia sin desahogar que podía comernos el alma, cuando estrenábamos *katiuskas* de altura hasta la rodilla —amarillas para Nikita la Mariquita, azules o rojas para mí—, habría de acompañarnos luego durante mucho tiempo, como nos acompaña un perfume que se adhiere de por vida a la bufanda o al cuello de la trenca y cada invierno —cuando anhelamos el vaho en los cristales de los cafés o del interior de la casa, en el que no tardamos en reflejar el corazón partido que se muere de dolor o el nombre (el tuyo hoy apenas si puedo pronunciarlo: tanto me duele el alma) al que nos gustaría estar atados de por vida— vuelve luego a acurrucarse en torno a nuestro cuello, como un fulmíneo ofidio que nos cortara por de pronto la respiración.

Sí.

Para cuando caí preso en la nebulosa de tus ojos —de una belleza de postal crepuscular—, y mi corazón se agitaba, y tu boca, en cambio, mascullaba planes vanos, yo ya sabía también que el aguarrás del tiempo va diluyendo la pátina en la que se fijaron los recuerdos, de la misma forma que el devenir de los días reduce el tamaño de una herida y, en proceso inverso, otra mano de pintura sepulta para siempre a la mosca que quedó atrapada —golosa, incauta e invocadora— en el brocado arcaizante de la puerta. Sin embargo, sueño siempre que alguien me está enamorando, como si esa mosca, tornada de la falsa purpurina en verosímil oro, velara mi sueño mientras duermo, a la espera de un mejor tiempo que me regale Cronos.

Sí, muchacho de gesto abel: que tu sombra me apriete.

—Así quiero que me folles, ¿me oyes?, así —dijo Airini Alder reclamando la atención de Rafalín, el costurero, el maestro que enseñaba a bordar a las mozas casaderas del pueblo, para que Rafalín aprendiera el arte de imposibles fornicaciones, y Airini Alder se dejó caer sobre el palo de la escoba, previamente lubricado de manteca de cerdo, y como un cerdo, como aquellos cerdos que gruñían al fondo de los corrales de las casas, Airini Alder, la nunca más Virgo Intacta, lanzó un grito sólo comparable al que lanza una estrella repudiada con fulmíneo desgarramiento por el universo estelar.

Como un cerdo murió Airini Alder, atravesada por el palo de la escoba, bañada en sangre, nadando en sangre, como de sangre se llenaban los patios cuando, al cerdo, en mañanas gélidas de invierno en que se helaba hasta el agua que cubría las aceitunas en los lebrillos y a nosotros no nos era dable siquiera hacer la forma del huevo con los dedos de nuestras porcelanosas manos, se le clavaba el cuchillo en la panza y nosotros habíamos de llevarnos las manos a los oídos, a los ojos, a la boca, para no oír los desgarradores gritos del animal que rechazaba aquella muerte —cualquier tipo de muerte—, para no ver, como giróvagos perfiles del acuario, la sangre comiendo terreno sobre las floreadas baldosas de los patios, para no emitir, como sierpes de nervios trenzados, el alarido o el grito, la queja o el desdén, que nos suscitaban aquellas macabras matanzas.

Así quiero que me folles, ¿me oyes?, y la casa de Rafalín y

Airini Alder se llenó de gente, sobresaltados todos, como queriendo salir del interior de una agazapada somnolencia, como de gente también se llenaban las casas de los vecinos cuando hacían la matanza en aquellos días en que ya nos excitaban las morcillas que hacían con los mondongos del cerdo, y el gélido viento de la mañana los atoraba, los atenazaba, como si viento y tiempo ingurgitasen con dificultad, quieto también en el cristal opiáceo de las estalactitas que prendían de los aleros.

Airini Alder, la Virgo Intacta, quiso probar a última hora lo que se siente cuando el amor entra por dentro, y Rafalín, el costurero, el maestro que enseñaba a bordar a las mozas casaderas del pueblo, vio en aquel desgarramiento del himen inmenso la decepción que experimentábamos de muchachos cuando se nos rompía la pandereta que nuestros padres nos habían hecho con la vejiga del cerdo durante los días en que duraba la matanza, y esa rotura, para la que no había pespunte ni zurcido alguno, se le antojó a Rafalín el hueco de la madriguera, la sempiterna oquedad, el vacío, el orificio en el que caer y perderse de la vulgaridad de una existencia apoyada en un hastío milenario.

Sí.

Un dios mecánico y cargado de electricidad, a medio camino entre negrísimos nubarrones y fulmíneos rayos, aplicó sobre Rafalín un rapidísimo y contundente castigo, y Rafalín ingresó en el psiquiátrico de la ciudad de las palmeras, donde estuvo un tiempo, rodeado de paredes y de tules blancos, durante el cual el pueblo lo olvidó.

Ese hombre que se sienta a la puerta de su casa a mirar el cielo azul en su silla de anea; ese hombre que, al primer murmullo, vuelve al interior de su vivienda y se sitúa tras el ojo horizontal de las persianas, a permitir que las rodajas de sol o las cuchillas de luna no lo aparten del todo de ese mundo en el que todavía se cree; ese hombre encorvado que mueve la manivela de su máquina de coser, y sus finas manos, muy finas para ser de hombre, se resisten todavía a desprenderse del bordador que antaño le diera sentido a su vida; ese hombre, ya digo, que cosechó como insultos los calientes cagajones del caballo del panadero en aquellos tiempos en que las «bogas» de pan se repartían a lomos de un caballo y el caballo iba soltando calientes cagajones que los argos nocturnos recogían como mantillo para las plantas de los patios y de paso adornar la fachada de la casa de Rafalín; ese hombre, sí, del que tú y otros chicuelos os reíais —como os mofabais también de Miguelito el Tonto, como si, superada ya su etapa azul y/o rosa, se descolgara ahora de un cuadro cubista difícil de imaginar, reducido a una sombra sin rostro sobre su silla de anea después de una vida errante como la del sabio Maimónides: todo el tesoro con que lo gratificó la vida—, ese hombre, otra vez sí, fue Rafalín, el costurero, el maestro que había enseñado a bordar a las mozas casaderas del pueblo, el hombre-fiesta que rescató las costumbres tradicionales del pueblo, el hombre que, todavía joven, se atrevió a desempolvar los viejos vestidos de su madre para ponérselos en los días obscuros del Carnaval, en aquellos días en que disfrazarse en Carnaval estaba prohibido, y él salía disfrazado de mujer, deseo hecho realidad calle arriba o calle abajo, sombra de un deseo puro que dotó de esplendor a la Semana Santa, el hombre que fundó la Cofradía de la Senda de las Ánimas, el hombre que rezaba en alta voz el Santo Rosario y pronunciaba jaculatorias en sufragio de las almas de los difuntos de la comunidad, el hombre-espectáculo, impresionante, sobrecogedor, que arrastraba como flautista a los descarriados del pueblo y los hacía escalar a las inmediaciones de la ermita de San Sebastián, para admirar desde lejos, en toda la plenitud de su macabra belleza, el desfile del fantasmagórico y singular cortejo.

Rafalín, el costurero, el maestro que había enseñado a

bordar a las mozas casaderas del pueblo, el que, en un sueño recíproco de vasos comunicantes había deseado que Airini Alder se pareciera a él, y Airini Alder que Rafalín se pareciera a ella, estuvo un tiempo fuera de la tacita blanca de porcelana que él siempre había tanto mimado, y retornó luego, ya tarde, cuando apenas si el pueblo se acordaba de él, wildeano en el aspecto y wildeana el alma, y abrió de nuevo su taller de costura, al que nunca más nadie acudió. Rafalín, decían los argos de los cien ojos, había probado el fruto prohibido en el psiquiátrico, ese ofidio argénteo, monóculo y soñador, por el que aman los hombres de igual sexo.

Por delante de la casita de Rafalín pasaban las carrozas cargadas de heno; hasta los patios pequeños de la casita de Rafalín llegaban los ecos de las sevillanas en tiempos de Cruces y el fragor confuso y chabacano de las atracciones de feria en días de feria. En la tacita blanca de Rafalín nadie se paraba, excepto la Gorda, que era mala, y visitaba a Rafalín, en torno a la medianoche, punto en el que, todo buen artista que se precie, libera sus demonios, y le sacaba el dinero, y se probaba sus trapos, y dejaba que Rafalín (que ya había probado el fruto prohibido, ese ofidio argénteo, monóculo y soñador, por el que aman los hombres de igual sexo) repitiera con ella.

La Gorda, que era mala, corría escaleras arriba, sombra de lluvia en una noche plagada de estrellas, hasta lo alto de la azotea, huyendo de Rafalín, bajo un cielo disfrazado de incógnito y una luna amarilla que los vigilaba de cerca, envuelta en los vestidos que Rafalín había diseñado y cosido en sus tiempos de febril creación —cuando despertaba de sus sueños priápicos a Airini Alder, la Virgo Intacta, al grito de «¡me viene, me viene!», con una mano en el pecho y la otra como asiéndose a Dios, y ella pensaba que lo que le venía a su marido era el momento ansiosamente esperado de eyaculación en su reluciente vagina, y luego resultaba que lo que le venía a Rafalín, el costurero, el maestro que había enseñado a bordar a las mozas casaderas del pueblo, era el momento de la inspiración, la visita de las Musas que portaban telas de seda dibujando en el aire un corazón sublevado, vestigios de un amor para siempre cautivo—, y se iba quitando los trapos uno a uno, y los lanzaba a las azoteas de las casas vecinas, entre gran griterío y jadeo loco de quien se ve amenazado por la muerte, para que abrieran sus ojos los argos nocturnos y pudieran ver a Rafalín, transfigurado en éxtasis fugitivo, agarrando a la Gorda, que era mala, y arrastrándola hasta su dormitorio, donde la ponía en cuclillas y en ella vaciaba todo el loco veneno, esa leche cruel para la que Rafalín hubiera querido encontrar otro amor.

Sí.

Ese hombre que ya no está, escaló un día las paredes de su tacita blanca de porcelana, y extendió los brazos, como si fuese un Ícaro que aprende a volar, y cayó de bruces sobre el asfalto, no, sobre el asfalto no, sobre las piedras duras de la calle, aquellas piedras que no tardaron en ser sustituidas por el cemento, y desfiguró su rostro, y su cuerpo todo semejó a los cagajones calientes que el caballo del panadero iba dejando en reguero butiondo a lo largo de la calle, aquellos cagajones que las vecinas aprovechaban para alimentar el humus de sus plantas y de paso decorar la fachada de la casita blanca de Rafalín.

Ese hombre fue el que inmortalizó con su vuelo y su caída icárica ese secular deseo de planear por encima de las cosas humanas.

La obscuridad me rodea. Déjame reposar sobre tu pecho. Para que la noche no hinque en mí sus fauces mortales, ni el eterno canto del grillo penetre en mis venas como una falsa droga que a nada conduce. La obscuridad me rodea. Déjame reposar sobre tu torso. Porque de otro modo el viento de la mañana arrastrará mis cenizas como un puñado de pavesas que cayeron durante la noche sobre las plantas de los patios, y yo no quiero ser eco de sirenas ni dríadas, ni sonido ahogado de caracola marina, porque nadar no sabe mi alma. La obscuridad me rodea. Déjame reposar sobre tu torso. Y no permitas que mi corazón ignito se consuma dentro del brasero de cobre, ni que tampoco caiga en la hendidura de la noche, ese roto, como rasguño feroz, de sangre, en el horizonte.

La obscuridad me rodea. Y el revoloteo enrevesado de un insecto me basta ahora para responder a preguntas para mi destino. Quien inventara la inmortalidad del alma también hizo lo propio con la del amor. Las cosas, sí, cuando buscan su curso, encuentran su vacío, y al fondo, sin mí, parte la nave rumbo a Citerea, remota en la dorada distancia, por más que la luciérnaga de mi cigarrillo les lance avisos de que aguarden, que, llegado el momento, ya también habré de zarpar de nuevo en esa nave, y, en loca embestida de los celos, me las veré con los amorcillos juguetones que no cesan de lanzarme flechas para que se rompa nuestro amor.

Un sentimiento inveterado, como columna embalsamada de sierpes, me recorre el cuerpo de abajo arriba, de arriba abajo, como una brisa marina, como un simple viento que esta noche echo tanto de menos. Fíjate qué estupidez: echo de menos el viento, ese viento de la noche que me refresca la cara, me reanima, me dota de vida, como si presintiera en mí un inminente desfallecimiento. Ese viento fresco de la noche, como un hojaldre de infancia, esconde entre capa y capa un secreto, un susurro, un beso, el retazo de una voz. Se acerca a mí, me rodea, trepa por las columnas ajadas de mi cuerpo, me cubre de una fina capa áurea, me da de nuevo la vida, me llena de ti... Llega hasta el último recoveco de mi alma, el viento, y danza, sonámbulo, como un hijo de Venus, cuya misión no fuera otra que devolverme a la vida. Vivir es amar.

Amar es vivir. Y de esa cuadratura no salgo, aun cuando la sepa impalpable e inasible como la imagen en un espejo o el destello de una sombra, o como el placer que antaño perseguí, junto a ti, en vano.
—¿Qué tengo, doctor?
—¿A quién amas?
¿Recuerdas? Yo me ahogaba de amor, cuando los días «aladinescos» de los broncíneos reflejos de tu mirada declinaron en cuevas montuosas y entenebrecidas sombras de obscuridad que por doquier me rodeaban. Aceptamos, pues, que la felicidad de entonces es parte del dolor de ahora. ¿Pero cuánto dura la felicidad? Lo que dura una tormenta. La tormenta descarga sobre los campos, reblandece la simiente, llena de agua los ríos, y de esperanza y vida las acequias. ¡Qué pocos saben contar entre las dádivas de Dios la brevedad de la vida!
¿Se llegan a olvidar los viejos amores? Sí, es posible. ¿Pero qué dejarle entonces de manjar a la exquisita muerte?

La Lirio enloqueció leyendo las fotonovelas de Corín Tellado. Como una fémina Don Quijote, la Lirio, por un fugaz espejismo amoroso, por una equivocación de juventud, se encadenó a una pasión enfermiza de por vida, y salió a recorrer los caminos polvorientos de aquel pueblo, de aquella tacita blanca de porcelana que tampoco comprendió los desmanes de Rafalín, el costurero, el maestro que había enseñado a bordar a las mozas casaderas del pueblo, ni a Nikita la Mariquita más tarde, ni luego, ahora, a mí.

A la Lirio se la vio por Rute, Cabra, a la sombra de las encinas de Sierra Morena, fantasma de la belleza que fue, destilando un veneno cruento por los ojos, calmando su sed con los jornaleros de la aceituna, hija de un viento sulfúreo que le arrasara mortalmente la cavidad de los pulmones. Inútil en su búsqueda de un Dulcinea masculino, como inútil y estéril es la empresa para quien pesca debajo de una red o nada contra corriente, la Lirio volvió transcurrido un tiempo, como Miguelito el Tonto cuando se le pasó la calentura del Teatro Chino de Manolita Chen, y se instaló a las afueras del pueblo, justo en el borde mismo de aquella tacita blanca de porcelana, en los márgenes de la nueva carretera comarcal, donde, al amparo de los camioneros que nos atravesaban, habían abierto un prostíbulo.

La que otrora fuera Reina de las fiestas de agosto traía sobre sí una expresión distante y ensimismada, como huida del mundo exterior, desmayada por la congoja de su estéril travesía, abrumada por el dolor de su infructuosa búsqueda, una suerte de cruce entre María y Magdalena tras la crucifixión de Cristo.

La Lirio, ataviada de arabescos, cargada de garambainas, vestida de azul en honor al color simbólico de la mentira, nadaba en los miasmas azul claro de los ojos del apuesto hijo del alcalde, bajo un cielo ya para siempre cotidiano, y lanzaba redes de besos contra la avanzadilla del tiempo.

Consoló la Lirio con un sentimiento zooantropomorfo a los muchachos hermosos pero sin acentos que se iniciaban en aquel mundo orgiástico del placer de la carne, como una Dracaena draco que ha sido invitada a la danza mórbida de la muerte, milenaria y sabia ella en el éxtasis del beso y en el rubor de la caricia, maestra en los sueños espongiarios que se producen cuando se juntan dos cuerpos, fuerza descomunal del conocimiento sexual de una ausencia.

Hasta allí, hasta aquella tacita de porcelana Ming, acudíamos algunas tardes Nikita la Mariquita y yo, enviados por la señora Fuensanta, con expresa orden de informarla de cómo estaba la Lirio, oculta tras el visillo del tiempo de las persianas, que le impedían tener una visión panóptica de la realidad, con un sobresalto de colibrí por temor a que alguien nos sorprendiera, y veíamos a la otrora hermosa de la Lirio descansando con gracia gótica sobre unos sillones de mimbre que ella instalaba junto a la ventana, permitiendo de este modo que la criba de las persianas filtrara el color tritíceo del sol mientras se acunaba en una cornucopia de sueños ofidiamente entrelazados, y, borracha como Sileno, iba poniendo máscaras sobre los rostros de los hombres a los que un día amó.

Los sueños de la Lirio se evaporaban entre los nenúfares del estanque, a medida que las agujas del reloj, esos angelotes de grotescas manecillas, se aliaban con el aliento ponzoñoso de la noche y llegaba la hora de mostrar aquella porcelana Ming a los hombres del pueblo que vivían bajo la escoba y querían beber de otras fuentes. La Lirio salía entonces de la crisálida averna de sierpe umbilical en que quedó atrapada su vida, liberada del vaivén esquivo de la mala suerte, y desgarraba con un beso la placenta nocturna que aquellos hombres traían, como furtiva presa de caza, entre sus dientes.

¿A cuántos hombres he amado?, se preguntaba la Lirio presa en los barrotes careados de aquellas bocas, como presos también estábamos nosotros de chicuelos cuando nuestras madres nos dibujaban unas barras de yodo en el pecho que nos devolvían al mar para evitar de ese modo que cogiéramos resfriados. ¿A cuántos hombres he amado? Sólo a ti, y se asía a aquellas astrosas figuras en una suerte de traslación neolítica al viento a cambio de lo que ya nunca más recuperaría. Sólo a ti. He estado con muchos. Muchos estuvieron conmigo. Pero a todos puse la careta de tu rostro.

La Reina de las Fiestas de agosto de aquel año en que, además de adolescencia, estrenábamos pantalones amarillos de campana y zapatos de plataforma y tacón que nos hacían sentir más altos, se había tornado con el devenir del tiempo en una perendeca que regalaba besos como minas angoleñas envenenadas, y en sus hermosos ojos de color veneciano había aparecido una mirada que jamás olvidaríamos, como la saeta mortal e indeleble de un lobo, rodeada de sierpes irritadas en los pómulos, como las cabritillas que le salían a las vecinas en las piernas después de una tarde de estar sentadas junto al fuego del brasero.

La predela que La Lirio instaló a los pies de su propio cuadro, en la que se veía en tono pastel la vitola de Reina que cruzó sus pechos, y el rostro sonrosado, casi múrice, del apuesto hijo del alcalde, tenía también, sin embargo, una sombra de morgue que a modo de cinta envolvía aquella geografía de sueños nervados.

El río de oro por el que navegaba la vela de los días mágicos de mi infancia no se secó cuando Nikita la Mariquita se fue a Barcelona; ni cuando Miguelito el Tonto volvió al pueblo como un hijo pródigo e indeseado, a hacer bulto en la noche, sentado en las sillas de anea, a ver pasar ante sus ojos afiebrados de asno demente los destellos de un mundo en el que él hubiera querido ser protagonista indiscutible, pero que lo expulsó, como un pedo hueco, al lugar del que nunca debía haber salido; ni tampoco cuando Rafalín, el costurero, el maestro que había enseñado a bordar a las mozas casaderas del pueblo, levantó el vuelo apenas a ras del suelo y tuvo, como Ícaro, una muerte dulce y arriesgada, deformado su rostro sobre las piedras duras de la calle; ni cuando la Lirio, enloquecida y harta de tragar polvos por los caminos, se recluyó en el prostíbulo de la carretera comarcal del pueblo y ocultó su belleza ajada tras el visillo de la indiferencia silenciosa de los días; ni cuando el maestro, aquel viejo maestro, el hombre solo, se suicidó con las espinas de las rosas de su pañuelo; ni tampoco cuando supimos que Manolita Chen era un hombre travestido que había deslumbrado a los salvajes del pueblo haciendo verosímiles su contorneada figura y su mirada perdida de mujer oriental; ni tampoco, obviamente, cuando a la Gorda, que era mala, la partieron en dos metiéndole un tronco de olivo por el culo y su cuerpo fue encontrado en el arroyo hondo y sucio de los cañaverales, bañado en desechos humanos, cubierto de todo aquello que el pueblo no había querido; ni tampoco cuando los braseros de picón y cisco fueron sustituidos por los braseros de gas, porque ya no quedaban cepedas ni nuestras madres querían que el negro polvo del picón y cisco, no obstante perfumado del ensoñador olor a alhucema, se posara sobre los muebles de la casa como un manto de noche que los protegiera; ni tampoco cuando las cabezas leonadas de los aldabones de las puertas de las casas fueron sustituidas por los timbres de forma rectangular tan simples y prosaicos que ni siquiera nos excitaba tocarlos y salir corriendo, como antaño hacíamos con las cabezas de los leones o con la mano que, prieta y ajustada, como un suspiro en el corazón prieto, retenía el mundo; ni tampoco cuando fueron cayendo como moscas atontadas por el pulverizador del tiempo los argos nocturnos, los orfebres nocturnos, las sempiternas vecinas que me habían visto nacer, crecer, e incluso morir, en aquellos días en que la forma de mi andar les recordaba a alguien y la manera en que yo hablaba no era la más correcta para un chico de pueblo.

La caña se tornó lanza, o sea, el río se secó, la vela naufragó, la magia y el brillo sin los cuales pensé que me sería imposible seguir viviendo perdieron su encanto cuando, al fondo de la calle, en los márgenes de esa tierra de nadie que luego se comió la nueva carretera, te instalaste tú.

¿Cuántos años tenías?

No lo sé.

Eras por entonces apenas un gorgojo, con esa edad de la infancia en que uno se apitona por nada, que correteabas a trompicones por la calle con una alegría atronadora de mina aviesa que sabe que en breve hará saltar un cuerpo por los aires; tus rodillas siempre estaban desolladas por las piedras levantadas de la calle o por las baldosas de las aceras que se fracturaban cuando sobre ellas nos deslizábamos con los arcaicos monopatines que hacíamos con una tabla y cojinetes; tu rostro, tarascado de cicatrices por las peleas infantiles y los sueños de guerra, estaba siempre, aun en verano, cubierto de una pelusilla como la que el frío deja en las frutas, y, sin levantar apenas un jeme del suelo, te colaste por mi ventana entreabierta y en el epicentro de mi corazón te instalaste con ánimo de corromperlo.

Yo buscaba, envidiando en ti el magnetismo animal con que se manifiesta la edad que limita la infancia y la pubertad, como un náufrago la botella, un tarazón de cielo en el que, como en una isla, refugiarme, y en ti encontré un diamante recluido en la ciénaga del pueblo que no tardó en reclinarse, como en un molde, en el hueco que en mis entrañas se abría. No tenías miedo a las altas horas de la noche ni a las horas calenturientas de la tarde, ni tampoco al perro con el que Miguelito el Tonto —ya convencido de que la vida era esto, o sea: metáfora de la nada— disfrutaba echándoselo a los chicuelos de la calle, sino que corrías y corrías, reías y sudabas, dejando ya en las emanaciones del aire un pétreo reguero de lo que luego habría de ser tu ambigua personalidad.

Bon enfant.

Mi cara se iluminaba bajo un cielo vespertino de melancolía rasa y pura cuando portabas en tu mano derecha un melón avinagrado que no servía para la comida, con el que hacíamos una suerte de calabaza de Halloween, como si ya te reconocieras en la figura del joven Perseo mostrando al pueblo, para su reconocimiento y aplauso, la cabeza de Medusa.

Cuando la vida de aquellos días no cabía en la enciclopedia Álvarez de nuestra infancia, yo leí entre líneas y supe que tenías ya no sé qué cosa que hizo que me fijara en ti y, por mor de mi soledad, no encontré lugar donde posar mis ojos sino encima de los tuyos.

«Ojos claros, serenos,
si de un dulce mirar sois alabados,
¿por qué, si me miráis, miráis airados?
Si cuanto más piadosos
más bellos parecéis a aquel que os mira,
no me miréis con ira
porque no parezcáis menos hermosos.
¡Ay, tormentos rabiosos!
Ojos claros, serenos,
ya que así me miráis, miradme al menos».

Gutierre de Cetina
1515-1555

soy el sueño que algunos cordobeses llevan dentro...

El maestro, aquel viejo maestro, el hombre solo. El maestro, vestido de tristura, portaba una gafas montadas al aire sobre su nariz torcida, y peinaba hacia atrás un pelo en el que convergían los colores grises y amarillos, azules y claros. El maestro, de una tristeza barojiana, adornaba siempre su provecta figura con un andar de manos a la espalda, como si en ese gesto escondiera el libro que leía o el tallo de jazmín que de tanto en tanto olisqueaba. El maestro era bueno, y nos tocaba la cabeza, y nos palpaba las nalgas a Nikita la Mariquita y a mí, cuando nos quedábamos un rato más en la clase, y le ayudábamos a ordenarla, y limpiábamos los pupitres que los salvajes del pueblo manchaban de tinta y en los que dibujaban pollas y coños con la punta del compás. Luego, detrás del maestro, o a ambos lados de él, cargados de libros, sus manos volando sobre nuestras cabezas como palomas aún puras, lo acompañábamos hasta la pensión en que se hospedaba.

—¿Una galletita? —preguntaba el maestro, y nos agasajaba con una galletita a Nikita la Mariquita y a mí, mientras nos palmeaba las nalgas y nos pellizcaba en las mejillas.

El maestro, aquel viejo maestro, el hombre solo, arrastraba ya una escarcha otoñal sobre las sienes, y pateaba las calles, y reconocía muchachos infantes en los rostros de los mozos crecidos, como si fuera un artista que paseara por las salas de una pinacoteca identificando cuadros que ya no le pertenecían. El maestro perdió sus días entre las cuatro paredes de la escuela, mirando ojos, cayendo por el tobogán azul claro de los ojos, paseando entre las mesas, acariciando cabezas como si acariciara graciosas mofetas de las que se embriagara de sexo. El maestro paseaba por la carretera nueva del pueblo, buscando en el sol —al que Nikita la Mariquita y yo implorábamos que aclarara el color de nuestro pelo— a sus viejos alumnos, y saludaba a su paso a los antiguos alumnos y alumnas que, cogidas de la mano, en secular y camuflado lesbianismo, buscaban también ellas el sol meloso de la tarde que les abrillantara el cabello o a los mozos de los talleres de mecánica que les dieran un pellizco en el corazón, un arrebato en el cuerpo.

El maestro paseaba por las lindes de la nueva carretera comarcal en aquellos días en que cerraron el cine de invierno por culpa de los televisores, y los domingos entonces se anclaban en las tabernas y en los bares, ante la pantalla sin magia de aquellos aparatos grises, por más aderezo que les ponían con las tapas de calamares, pescaíto frito o callos a la madrileña. En el maestro, al igual que en nosotros, la cuita por el desmoronamiento del cine de invierno, de aquella pantalla de colores, como un retazo de cielo, en la que aparecían los ángeles salvadores que reconfortaban nuestro sueño; en el maestro, también, la pérdida del olor a naftalina de los servicios del cine de invierno, adonde los salvajes del pueblo acudían a vaciar en el intermedio de las películas, y Nikita la Mariquita y yo, pero no a vaciar, como ellos, sino a perdernos en el maderamen de olores impuros que exhalaban aquellas partes del cuerpo, a ver las abultadas entrepiernas de los muchachos desahogarse, a presenciar, por primera vez, si descontábamos la quimérica representación de Miguelito el Tonto, aquellos miembros erectos que tanto nos recordaban el eructo de un enfurecido Polifemo.

El maestro, aquel viejo maestro, el hombre solo, visitaba las tabernas, frecuentaba los talleres de mecánica, se acercaba a las casas en obras y saludaba a los albañiles que habían sido antaño sus alumnos. El maestro estrechaba las manos grasientas de los mecánicos (se limpiaban luego con unas estopas más grasientas aún, que los jóvenes mecánicos sacaban de sus bolsillos), y se marchaba luego calle abajo o calle arriba, buscando una casa en obras, y charlaba con los albañiles a los que una vez adoctrinó con sus primeras enseñanzas, y, después de apretarles fuertemente sus encallecidas manos, el maestro bromeaba con ellos y les golpeaba dura e intencionadamente el pecho, y les palmeaba los hombros, como si retocara una sempiterna imperfecta escultura que ya, ay, no le pertenecía.

El maestro había visto crecer a aquellos muchachos, algunos de los cuales, pese a su sano consejo, ya fumaban, porque ya habían hecho la mili y sus padres y la familia toda habían acudido a la jura de bandera, en gélidos inviernos o arcillosos veranos, al corazón mismo de la sierra, por caminos serpenteantes de roca, como si los condujesen al mismo infierno. Pero el maestro sentía más simpatía por quienes, sin haber hecho la mili, también fumaban, porque pertenecían a otra generación, porque eran más altos, más corpulentos, porque habían pasado del bozo insignificante en el labio superior al afeitado diario, porque mostraban sin escrúpulos su torso dorado al sol de los campos de agosto o bajo el alambicado bosque de los andamios, porque el mono entreabierto con el que reparaban los autos a veces se les abría un poco más, y dejaban a la intemperie los pezones rosados y duros de sus pechos, como dos volcanes que en breve entrasen en fase de erupción, porque el extremo de la cremallera les llegaba a veces hasta la altura de la rosa umbilical que anticipa el placer del sexo. De ese sexo.

Si en algo nos parecíamos al maestro —idénticos más tarde, cuando nos fotografiara El Tiempo—, era que a Nikita la Mariquita y a mí esos muchachos también nos atraían, porque decían palabrotas que en sus bocas aniñadas nos producían risas, porque dejaban el cigarrillo olvidado entre sus humedecidos labios, porque ese sensual despiste se nos antojaba a nosotros dulce, seductor y comprensivo, como comprensivos éramos nosotros con el maestro cuando lo veíamos enfilar sus pasos hacia los muros del cementerio viejo, donde se reunía con un muchacho agitanado de ojos profusamente negros, cabello rubio y piel coriácea que había conocido en una de sus visitas a las obras, presos sus ojos en una melancolía aforística, cuando caía la noche, al palor semental y traslúcido de la luna que también conocía su secreto, donde se enervaban sus labios como trenzas de ofidios salvajes.

El maestro, aquel viejo maestro, el hombre solo, mezclaba paraísos soñados y fantasías oníricas, y todos los caminos de su locura desembocaban en aquella suerte de síndrome de Jerusalén que él había personificado en la figura de aquel muchacho agitanado de ojos profusamente negros, cabello rubio y piel coriácea con el que descubrió el amor cuando la vida ya estaba a punto de retirarle el crédito.

El maestro, con el sufrimiento de un Cristo coronado con espinas, amaba a aquel muchacho por encima de todo, todos los viernes por la noche, en los muros del cementerio viejo, bajo una belleza de claro de luna que sólo podía inspirar una sonata, y su cuerpo se desmadejaba víctima de un pálido elegante, como si en cada beso que le asestaba al muchacho se sintiera más y más cómplice del rapto de Psiquis. Luego, el maestro, o la sombra que quedaba del maestro, volvía al pueblo con la albada, cuando los campesinos sacaban los aperos de labranza a la puerta de sus casas, en un sonámbulo y etéreo paseo, y dormía durante horas, en el mullido colchón de su hospedaje, borracho de amor como si bebiera de él a través de una espita de oro, en un desvanecimiento sobrenatural de ángeles.

Plenitud, desnudos orificios. El Maestro.

Soy el responsable de mis recuerdos.
Necesito incorporar un misterio para resolver un secreto.
Recordarlo todo es la única manera que tengo de contrarrestar el único recuerdo total que me penetra, me acompaña, como un aguijón envenenado que no cesara de verter su líquido maléfico sobre mí.
Sueño de noche, para que nada estorbe mi concentración, a veces toda la noche.
Y es que yo, en verdad, tendría que acompañar tus recuerdos de pesada piedra y lanzarlos al más profundo mar de cuantos en la Tierra hubieren. Pero, claro, así no procedo: viajo, hago cosas, me muestro siempre atareado, una suerte de San Manuel Bueno y Mártir, pero en marica, para mantenerme alejado de tus recuerdos, de ti mismo. Mas tus recuerdos, tú mismo, siempre afloran a la superficie de mi mente, de igual manera que se resiste a ser sumergida una corteza de corcho. Recordamos para olvidar y, paradójicamente, vivimos mientras recordamos.
Nunca sabemos, dicen, lo felices que somos. Por muy desgraciados que nos creamos, nunca es verdad. El amor todo lo vence, y, en el amor, precisamente, nada es seguro. Una frase insinuada o una mirada furtiva pueden significar todo —o nada— para quien está eternamente enamorado.
Hay en mi corazón furias y penas pero yo no juego a ser Orfeo, porque en mi cárcel de amor me encuentro a gusto.
Como las heces de mierda que se van al fondo de la taza del váter, siempre hay una que, tras tirar de la cadena, permanece a flote. He tirado por las alcantarillas, los sumideros y por la taza del váter todo cuanto creía tener de ti, pero todavía creo que hay algo dentro de mí que te pertenece. Borracho de nepente —en una inútil tarea por intentar hundir con un palito hasta el fondo del lago los trozos de corcho que son tus recuerdos flotando en el éter acuoso de mi memoria— soy incapaz de poner alas a los animalillos de tus recuerdos que revolotean en el interior de la jaula de mi memoria, como

si el macillo de un piano desencajado golpeara las cuerdas de mi cerebro mientras contemplo sin hacer nada cómo Príapo me vence. Me acaricio con la yema de los dedos, me rasco, me destrozo, saboreo los restos de aquella herida que no quedará para siempre cicatrizada, me meto la yema, ya digo, me meto la uña, me meto la mano entera y saco de mis entrañas jirones de ti: tus ojos, tus piernas, tu rubia cabellera en la que anhelé quedar, como sirena en la red, atrapado.

De todo aquello de lo que siempre deseé carecer soy rico. En cambio, nado en la más absoluta pobreza de todo cuanto anhelé: estoy solo.

Poisson d'or. Tus besos.

La vuelta al pueblo de Miguelito el Tonto, exenta de todas las alharacas de las que a él le hubiera gustado rodearse, sino más bien arrebujado en el obscuro manto de la noche, en una iconografía ya para siempre consagrada, como quien, agachando la cabeza, intentara ocultar el arrobamiento de su amor mientras escuchara un «Nocturno» de Chopin que sirviera para brindar al amado una pequeña serenata nocturna; la grotesca muerte de Airini Alder, la Virgo Intacta, dejándose caer desde lo alto de la cómoda de su dormitorio sobre el palo de la escoba lubricado con manteca de cerdo, como quien, insatisfecha de los placeres del último veranillo de San Miguel, se consolara con la ilíada de calamidades con que le gratificara la vida; la desaparición de Rafalín, el costurero, el maestro que había enseñado a bordar a las mozas casaderas del pueblo, en un «cameo» a la Ícaro-volador, dando a fugitivas sombras abrazos, en un intento de atrapar en el instante final todo aquello de lo que siempre creyó huir; el desmoronamiento de la hermosa de la Lirio, en pie todavía, pero tarada de por vida, sobre las ruinas de su eximio reinado, intentando desenmarañar la metáfora «drolática» del tiempo, como un reino de

Taifa que aguardase ya su propio desmoronamiento, acabaron por animar a Nikita la Mariquita, cuando cumplió los dieciocho años —una edad para el amor, otra para la justicia, otra, para la libertad— y comunicarle a su madre que abandonaba el pueblo:
—¿Qué te pasa?
—Que no soy feliz.
—Anda cojones, ¿y quién lo es?
En la somnolienta reverberación de las tres de la tarde de un día de agosto, Nikita la Mariquita empacó sus pertenencias y se marchó a la plaza, a la espera de que pasara el autocar que lo conduciría a Barcelona.

Antes lanzamos las últimas burbujas de agua y jabón desde lo alto de la azotea, y las vimos flotar en el aire como livianos aerostatos, y saludamos a un avión que pasaba casi a ras de los tendederos, recordando aquellos días de chicuelos en que salíamos a los patios o a la calle y agitábamos nuestras manos a los aviones que nos sobrevolaban, confiando en que el piloto o algunos de los pasajeros nos verían y, como a náufragos perdidos en isla desierta, nos enviarían pronto algún salvavidas para nuestro rescate.

Nikita la Mariquita dejó su maleta en un bar de la plaza, y nos dimos un salto hasta la tacita de porcelana Ming para despedirnos de la Lirio, quien, perdida en el dédalo de sus sierpes amorosas, amenazada y vencida al fin por la locura, fue incapaz de reconocernos. Luego, ya de vuelta, nos acercamos al cementerio, y permanecimos unos minutos en silencio frente al nicho que acogía los restos de Rafalín, el costurero, el maestro que había enseñado a bordar a las mozas casaderas del pueblo, el que probó, con desafortunado acierto, un cruento experimento para disimular su homosexualidad o para luchar contra ella. Un golpe de viento averno, la despiadada y humillada, la ignorada y nunca bienvenida, la sempiterna Muerte.

Aquel olor a iperita que emanaba de los mármoles de las tumbas, como si, en la danza de la vida, la muerte nos estuviera recordando que Ella siempre aguarda para salir a bailar, se le antojó a Nikita la Mariquita una broma macabra, y se puso a llorar, y sus ojos rápidamente se empañaron, como se empaña el aire próximo a una ventana cuando el rayo de luz irisado que se filtra a través de las persianas sorprende a las motas de polvo que bailan en la alcoba en suspensión.

—El mundo se hunde bajo mis pies —dijo Nikita la Mariquita entre sollozos con su rostro color caolín.

Nikita la Mariquita, envuelto por los alientos miasmáticos que salían de las tumbas, embotado por las emociones de su inminente y definitiva despedida, amén del dolor que nos produjo estar frente a la tumba de Rafalín y reconocer en las fotografías agostadas por el sol los rostros de los muchachos y adolescentes que habían compartido con nosotros la escuela y que la nueva carretera se tragó, como una aviesa trampa, mientras probaban sus motos o la cruzaban para llegar al campo de fútbol y confrontar la belleza de su cuerpo con la suave quietud de la naturaleza muerta de la tarde, se abrazó a mí, y, cogidos de la mano, en atrevida e insólita estampa en el pueblo, bajamos de nuevo hasta la plaza, reteniendo en la retina de nuestros ojos los adornos broncíneos de las sepulturas, que pareciera hubiesen sido bañados en orín.

Llegamos de nuevo al bar donde Nikita la Mariquita había dejado empacadas sus pertenencias, y pedimos un vaso de agua, y Nikita la Mariquita, sombra de «jipato» que vence a Niké, se derrumbó en un apócrifo desmayo por el calor de la tarde y las emociones de los sentimientos, al borde mismo de un ataque de huélfago que ora se manifestaba en su frente ebúrnea, ora en la respiración angostada —como los polluelos que antaño metíamos en una palangana para que el frescor del agua les llegara de los pies a la cabeza—, y hubimos de sentarlo en una silla, donde se tomó su vaso de agua con gracia delicada y sutilmente melancólica, cruzando las piernas al estilo de los retratos dieciochescos.

Acudieron las vecinas que acompañaban a la señora Fuensanta en la despedida de su hijo, portando canastillas de mimbre con frutos y alimentos de la matanza, como verduleras pomonas que intercambiaran sus mercancías en el Mercado Municipal de Abastos, para que Nikita la Mariquita, una vez instalado en Barcelona, se las hiciera llegar a aquellos hijos que, tiempo hacía, habían ya desertado de la tacita blanca de porcelana.

Nikita la Mariquita se repuso de su apócrifo desmayo, y subió al autocar, en un ascenso y revoloteo sólo parangonable al que en el éter luminoso de la noche quedó atrapado el día en que la Lirio fue coronada Reina de las Fiestas de agosto, y se sentó en los asientos últimos del auto, con las canastillas de mimbre sobre sus piernas, en una anacrónica y remedada imagen de las heroínas de las fotonovelas de Corín Tellado cuando también ellas abandonaban su ciudad, y, cuando, por fin, del tubo de escape empezaron a salir los aromas taumaturgos con visos de grisú que taladraron como leznas de zapatero la mácula lútea de mis ojos, Nikita la Mariquita se viró sobre su asiento y, en un corpúsculo de corazón prieto, me dijo adiós con la mano, y me gesticuló algo con un movimiento exagerado de músculos faciales y alocadas extremidades, en un dialecto de «na-dené» que me recordaría para siempre al país del cactus.

El aire de la mañana azuleaba de puro limpio, de un rocío azuloso que me hacía imaginar los campos cubiertos de escarcha y las aceitunas, colgantes de los olivos, como una charamusca de sueño que se deshilachara del cielo, reteniendo un llanto que luego, en sempiterna y sideral estalactita, se vitrificaría durante la mañana. Pero no. Era verano. El canto ahogado del gallo de la casa de enfrente me recordó aquella mañana que era verano y que Nikita la Mariquita llevaba ya un año en Barcelona. A esto, los giróvagos destellos de la luz se posaban sobre la hojas de la higuera vecina, en un íncipit promisorio de lo que aquel día me acontecería.

Bajé a la piscina —me entretuve interrogando a los matorrales de los caminos, a las vides de la campiña, a las parras de los patios, a la higuera en la que siempre soñé que tendría su nido un feliz gorrión, a la fuente en la que saciamos nuestra sed y a los automovilistas que lustraban la carrocería de sus autos—, mordisqueando la vaina de las hojas de los matorrales que me encontraba a mi paso, en un gesto de amanuense que sigue los dictados de su corazón, no así los de la carne. Desplegué como abanico altamente comunicativo la toalla sobre la hierba húmeda de la piscina, tomé un libro entre mis manos y —¡cuántos libros devoraría con fruición en el futuro para olvidarme de ti!: ahora no consigo recordar nada de lo que he leído y tu recuerdo sigue tan intacto como el primer día— como si me resignara a la imperfección del mundo, me zambullí entre sus páginas de letras.

El sol se movió como si fuera el péndulo del tiempo, creando sus irisados rayos visiones fluctuantes y de conmovedora transparencia sobre la balsa de azogue que flotaba en la superficie del agua, un agua levemente jaspeada, veteada de franjas linfáticas que se iluminaba a ratos, persiguiendo ya el azur asombroso de tus ojos. Tú, sin verte todavía, nadabas en el interior de esas aguas como si fueras un hermoso *guppy* que ya quisiéramos retener durante la noche junto al lecho, como aquellos ramilletes de jazmines que mamá nos colocaba en la mesilla de noche para mantener alejados a los mosquitos. Pasé la página del libro ayudado por el aliento cansino de un dios y proseguí leyendo... Inmóvil mi cuerpo parecía soñarte.

Fue entonces cuando tú, remiso todavía a dejar que mis labios sedientos bebieran de los tuyos —¡oh, Dios, cómo reverberaba la tarde en el azul de tus ojos!—, saliste de las aguas de la piscina, como un Laocoonte de músculos y fuerzas contra el que no se atrevería serpiente alguna, y, emulando a las ninfas rusalcas, te situaste en el borde mismo del agua, con visos evidentes de atraerme hacia ti. El vello de los brazos se me puso híspido. La hoja del libro voló como una mariposa locamente enjaulada. Haikai, pensé: tan hermoso eras que para amarte creí que debería hacerlo de lejos.

No sé cuánto tiempo mantuviste tu piel datilada al sol. Yo seguí leyendo, ciegamente leyendo, herido de por vida por la cerbatana de tus ojos, emitiendo suspiros como si en cada uno de ellos echase a volar al Pegaso encarcelado que llevaba dentro. Cansado de aquel juego, me retiré al fondo del jardín, al interior mismo de la más estricta naturaleza vivaldiana, como quien, herido de muerte por la flecha envenenada del amor, buscase consuelo de nuevo, ay, a la sombra de Hera.

Tú abandonaste el borde de la piscina y viniste a mí. Las basas de tu soporte —evocaban masculinidad, como austeras columnas romanas— se instalaron frente a mis ojos. Nunca unos pies desnudos suscitaron en mí tanto clamor, tanta excitación, tanto tangible deseo. Cuando levanté la vista, y a medio camino me detuve —como el exhausto montañero que hace una parada en su escalada triunfal hacia la cumbre— comprendí entonces que ya estaba marcado, como cabeza de res, con fuego candente.

—Hola.
—Hola.

Te sentaste junto a mí. Saqué unos cigarrillos. Les prendimos fuego. La amarillez de la paja estaba en tu pelo y el azul del cielo en tus ojos. Todo lo demás me sobraba. Cantó el mirlo como si tocara un barítono con claro virtuosismo. Se posó la luz de la tarde en tu pelo como en una cascada de colores. Cuando el sol se cansó de alumbrarnos, como si un enfurecido Prometeo le hubiese arrebatado sus fuerzas, te echaste sobre mi toalla excusando que tenías frío. El barroquismo de la lánguida tarde quiso competir con la naturaleza sosegada de tu cuerpo. Mi mano, como un falso talón alado, óctuple rizado a la que sólo saciara el amor, voló hacia tu torso y te hizo un frotamiento similar al que mamá, de pequeños, en gélidas noches de inimaginable invierno, nos hacía con alcohol para entrar en calor.

—¿Mejor?

Tú no dijiste nada. Tus partes pubescentes, en cambio, sí que se estremecieron. Me incliné en parinirvana estado sobre ti.

—¿Mejor? —volví a preguntarte.

Y amordazaste con un beso aquellas palabras que a todas luces sobraban.

Te desabroché los botones del bañador con el cuidado de quien descifra una escritura antigua. Penetré en aquella floresta, acaricié con mi lengua aquellos montes que no tardaron en volverse níveos, retocé, como tocado por un hado, en aquella Amazonia que para mí se conservaba virgen. Me besaste de nuevo. Te besé otra vez. Besarte fue como retener una mariposa de rosadas alas entre mis labios. No cabía la menor duda de que la miel que envolvía tus besos estaba hecha al sabor de mi paladar.

Como quien afirmara un día que Venecia estaba inevitablemente destinada a ser pintada, así yo, de igual modo, me sentí irremisiblemente destinado a enamorarme de ti.

Moja bíeda: Mi pena.

Nikita la Mariquita y yo habíamos pasado la tarde asomándonos a las tapias de los corrales, siguiendo la estela que nos dejara en el aire una silba de sirenas, en busca de jazmines y amapolas, azucenas y lirios para adornar nuestra Cruz de mayo.

Corríamos Nikita la Mariquita y yo libres y azules por los campos, en un peligro sin epifanía de vuelo rasante que tanto nos recordaba el de las obscuras golondrinas en la estrechez estival de nuestra calle, mientras nos relajábamos en un imposible abaniqueo agitando las hojas paripinnadas de las plantas. De aquel heterodoxo sintoísmo trajimos en nuestras prendas briznas de hierba, espigas de trigo, retazos de la naturaleza muerta adheridos a la maraña loca de nuestro pelo.

Colocamos las flores en el interior de unos tarros de cristal llenos de agua en el umbráculo de los patios, no sin antes haber apartado las más hermosas para ofrecérselas en ofrenda rogativa a la Virgen, como si pretendiésemos con ese gesto inmortalizar la danza de los espíritus benditos.

La Virgen María presidía el altar de nuestra clase, habiendo desplazado su férula figura las fotografías color sepia de aquellos señores tan serios que nos mandaban. El maestro nos puso en fila y procedimos en un acompasado coro de sentimientos y voces a lo Carmina Burana a la ofrenda de flores a la Virgen, mientras se disipaban las nubes color siena en el cielo como el etílico perfume de un tarro de esencias. Luego volvimos a nuestros pupitres, y el maestro nos dijo que guardáramos silencio y que cerráramos los ojos, marcando mucho el contorno de sus palabras, como si cincelase inútilmente un mármol de aire.

En silencio estaba la clase.

En silencio la morera que no tardaríamos en escalar en busca de hojas para nuestros incipientes gusanos; en silencio la charca que había en el centro del patio, en torno a una fuente cuyo agua se desmayaba en forma de sauce llorón y caía luego sobre las ranitas, los insectos, los juncos salvajes... dando a todo el conjunto un aire de charca verde que nosotros, desde la óptica de nuestros hermosos e ingenuos ojos, relacionábamos prontamente con la génesis de lo que luego habría de conocerse como el «Bello Danubio Azul».

En silencio también estaba el maestro, aspirando el olor de las rosas de su pañuelo, rememorando las indicaciones que Plutarco escribiera un día sobre el amor, en una urdimbre voluptuosa de sueños, mordiéndose el labio inferior, como si retuviera la manifestación de un sentimiento o ahuyentara la última tentación de Cristo o el enésimo aviso de los demonios visitadores, observando el desperezo de nuestro sexo por debajo de las mesas, como quien, nadando en el interior de una zafra de aceite, intentara penetrar en el aura de Nuestra Señora del Rosario en sus Misterios Dolorosos.

En silencio, también, pero con el líquido del deseo emanando de sus ojos, estaba Miguelito el Tonto, quien había metido una mano en el interior de los pantalones cortos de Nikita la Mariquita y estaba acariciándolo por dentro, y Nikita la Mariquita, preso como una mosca en el reverbero de la tarde en el azul de la puerta, rubro su rostro como la punta de los lápices con los que coloreábamos nuestros deslucidos chicles, vacías sus fuerzas y vacías sus cuencas de estatua, quería y no quería la mano de Miguelito el Tonto en el interior de los bolsillos de sus pantalones, hasta que, en la cima ya de la montaña de Nínive, o, mejor, descendiendo su cumbre a la velocidad del vértigo, apartó de un manotazo la metáfora de hastío de Miguelito el Tonto y se puso mirando hacia mí.

Miguelito el Tonto, de un realismo galdosiano, más fuerte el hierro todavía tras su gélida fundición, empezó a desabrocharse los botones de su portañuela, y la sombra priápica de su titánica verga se reflejó en tornasol en las paredes de la escuela, como aquellas sombras de bestiario que reflejaba la vela las noches de invierno en que había tormenta y se fundían los plomos o simplemente se iba la luz.

Miguelito el Tonto, en un escorzo tendido en la cama digno de Mantegna, al que no le faltaran en el rostro las sombras tenebristas de Caravaggio, había sacado su sexo clandestino y delicuescente a que le diera el aire, produciendo con su atorado meneo desagradables chirridos, como si cortara un membrillo helado o mordiera en mandíbula ajustada un trozo de alud. Fue entonces cuando la Gorda, que era mala, dejó caer su tintero al suelo.

El maestro, aquel viejo maestro, el hombre solo, paciente como un dios que esperase para comer el pan de los ángeles, salió de la respiración eterna del océano en que nadaba, se levantó de su asiento y fue a ciegas o guiado por el hilo seductor de Miguelito el Tonto, hasta su pupitre, sobre el que dejó caer una diatriba de sueños inconexos, taimada y misteriosa como el cauce del río Guadiana que por entonces estudiábamos. Luego el maestro, o la sombra que quedaba del maestro, se revolvió entre la bruma onírica de «El Jardín de las Delicias» de El Bosco, y volvió a su mesa, y redactó para la señora Mercedes, la madre de Miguelito el Tonto, una nota de queja, de enfurecida queja, como quien, al amparo de un fingido jardín, cultivara sus vicios.

Surgía el pueblo de entre la espesa niebla de la mañana, como un bostezo de sueño; la lluvia, generosa en las acequias de los caminos, se deshilachaba de las ramas de los árboles como una madeja de vidrio que la noche tejiera en su mecedora...

Tenía la casa de niño unos patios de muros altos donde descansaba el verdín en invierno, como un ave migratoria camino de África que por error o complacencia se hubiera quedado atrapada en la humedad del sueño. Y un limonero, al fondo del corral, del que se suicidaban los limones a finales de diciembre.

Una salita donde se reunía la familia, con unos cuadros en las paredes de la Chiquita Piconera, sobre los que la abuela, creyéndose heredera directa del magisterio de Torquemada, había lanzado unos paños para ocultar los pechos desnudos de la bella gitana. En aquella Capilla Sixtina particular había también un San Pancracio con su dedo tieso, en el que había aterrizado, como una nave espacial, una moneda de dos reales, y, a los pies del santo, un manojo de perejil, que se ponía fresco todas las mañanas, en pos de la buena fortuna, que tanto nos esquivaba. Un brasero de cobre en el que fustigaba Hades las ascuas de picón y cisco, bajo unas enjugadoras en las que se secaba la ropa en los días húmedos de invierno, y una *Emerson* en blanco y negro que se encendía a la hora del parte, como una ventana que se abriera a la realidad o al sueño, y se apagaba coincidiendo con el último resuello de las brasas.

Un comedor comunicado a la cocina mediante una puerta corredera, y, en el comedor, una mesa con tablero de granito que imitaba al mármol, siete sillas de madera con el culo de anea, unos cuadros en las paredes que se renovaban todos los años, en función de los almanaques que repartían los talleres de mecánica, los abonos de nitrato de Chile o los que traían las cajas de los mantecados de Estepa; un almirez siempre dorado, como un sol bajado al fragor vaporoso de la cocina, y un pequeño hijo de *Emerson* de vivos colores, en un rincón, elevado casi hasta las alturas mediante un pedestal que el abuelo construyó con maderas sobrantes de algo, y al que también se había encaramado un transformador de luz, fotos de los parientes ausentes, de los nietos y biznietos que ya no conservaban ningún rasgo identificativo de la familia, y, eso sí, muchas flores de plástico o de tela, sobre todo en invierno, cuando se quería paliar la marchitez edénica de los naturales patios.

Una sala reservada a las visitas o a los enfermos de turno, con un «bombito» de formica sobre el que parecía querer desmayarse una lámpara que llamaban de araña, con un brasero de gas y una bombona de butano a la que se había querido preservar del frío haciéndosele un trajecito a medida con lanas *Stop*; una antigua lámina de San Antonio y el niño, en torno a la cual se habían colocado las fotografías de los hijos casados; una vitrina llena de muñecas que coronaban la tarta de aquellas bodas, siempre cerrada con llave, como si, imposible ya frenar el vuelo natural de los hijos, se las quisiera privar ahora a ellas de libertad; muchos recuerdos en el interior de aquella vitrina: dedales de plata, bandejitas de oro moche con fechas de cumpleaños, onomásticas, dedicatorias... piezas de vajillas incompletas, tallas desdentadas del período Magdaleniense, reproducciones en plástico dorado de La Giralda, gitanillas de Granada, toros de Osborne, caracolas, tenedores de formas voluptuosamente imposibles, fotos, más fotos, un gallo de Portugal que se exhibía encima de un portatiestos como la pieza más valiosa de la estancia, delante de una crátera de flores secas en la que, como en caja de surtidos de té o frutos ingleses, se alzaban brotes de algodón, cardos de los caminos, puros de las charcas, juncos varios, todos ellos con un indescriptible sueño de lluvia sobre sus cabezas en forma de purpurina plateada y motitas de polvos de talco que, al caer sobre la purpurina todavía fresca, habían dado al jarrón un aire de eterno invierno, nieve que cae en un país donde nunca nieva...

Figurillas de escayola que los nietos coloreaban con brochazos desenfadados; tres sillones de orejas con sus correspondientes pañitos de croché, reservados a la figura del abuelo, del padre o del enfermo de turno que debía guardar cama pero que prefería el calor de la sala, por más que el abuelo hacía tiempo ya que descansaba en la comodidad marmórea del panteón familiar, y los enfermos, como Lázaro, habían, inexplicablemente, curado, y una colcha o tapiz que el hermano mayor se trajo aprovechando su estancia militar en Ceuta o Melilla, de un terciopelo con visos de tafetán que pronto se destinó a alfombra para que sobre ella jugaran a los trenes los chicuelos, pero que durante mucho tiempo nos sedujo con los fantasmagóricos tornasoles que reflejaba en las paredes infantiles de aquellos años. Unos dormitorios a los que se llegaba atravesando un corredor de fotos que nadie quería pasar, por temor a quedar atrapado en el velamen melancólico de los recuerdos, de techos altos, donde se acumulaba el frío y la humedad de las brumas escocesas, con recios baúles de madera y latón en los que estaba preparada la mortaja para el primero que siguiese la llamada de Hades; altas camas con dorados de bronce y un calor nocturno de sábana de franela, bajo las que se iban acumulando las vajillas, la batidora, el secador de pelo, las sábanas, las toallas, las cuberterías y todo aquello que la abuela dio en llamar el ajuar (¿funerario?) de la novia, y muchos motivos de decoración sobre esos baúles, hechos de conchas, caracolas, almejas y cerillas a las que se les habían quemado, en un aquelarre castrense, las cabezas, fruto todo ello del mucho tiempo ocioso cuartelario de los tíos...

Y, envolviendo todo aquello, la luz zodiacal de Fra Angélico vaporizando un aire de Vanitas holandesas cargado de aromas que fabricaba ausencias.

Después de un año sin resollar, la primera carta de Nikita la Mariquita llegó al pueblo. La señora Fuensanta, la madre de Nikita la Mariquita, más nerviosa que el rabo de una lagartija, de una festinación sólo parangonable a la que produce la llegada del amor cuando ya no se le espera, corrió de casa en casa, de puerta en puerta, en una suerte de ménade de *allegro* bárbaro de corre que te pillo, alarmando a las vecinas, golpeando los aldabones de la puerta de las casas, para mostrar a los argos nocturnos la carta de Nikita la Mariquita y la fotografía que su hijo bandeado había introducido en ella.

Los argos nocturnos, perdido el control sobre sí mismos como una cuadrilla de gallos a los que se les adelantara la noche por la irrupción de un eclipse, en una tropelía de fervorosos creyentes que quisieran ver a toda costa la figura del Papa, se arracimaron en el portal de nuestra casa, a la que había acudido la señora Fuensanta para que yo le leyera la carta que Nikita la Mariquita había escrito con una pluma robada al ala de un ángel.

Nikita la Mariquita, en una pose majestuosa y solemne, nos sonreía desde la remota y enigmática distancia, con una transparencia sideral de ángeles, perdido el color cervuno de su piel, hermosos, no obstante, sus ojos de gato egipcio clavados en la frente, como si nos estuviera describiendo la hagiografía de un San Antonio de Padua sin tentaciones.

—Está para darle un chilliíto —dijo una de las vecinas.

—Qué pelos —apuntó otra.

Los argos nocturnos, cortando el espeso aire de la tarde con las varillas de sus abanicos, estallaron en carcajadas homéricas, dejando a la intemperie sus dientes carbonados y los cráteres volcánicos en los que se había perdido para siempre el marfil, mientras se referían a la graciosa fotografía de Nikita la Mariquita, quien, poco *allegretto* pero sin llegar a *lamentoso*, con una mano detrás de la oreja —como si reclamara la configuración de una imposible caracola que le trajera mensajes más allá del mar—, había envuelto su inconfundible ramalazo en unos aires de caléndulas que más que acentuar unas dotes que no le habían sido dadas, fingía una virilidad extrema que por algún motivo divino le había sido negada.

Nikita la Mariquita estaba bien. Trabajaba de cajero en un restaurante de Santa Coloma de Gramanet. Vivía en una pensión en Hospitalet de Llobregat, compartía la habitación con un mozo de los campos del Sur que también había escapado para morder la fruta mórbida de la ciudad. Se levantaba temprano, se acostaba tarde, apenas si tenía tiempo para salir, por eso no nos había escrito antes, por eso y porque quería darle una buena noticia a su madre: estaba bien.

Debo escribir sobre todo de las personas que me rodearon, de los olores que inhalé, de las sensaciones que aquellos olores y aquellas gentes en mí ocasionaron. Escribir no es sino una forma de vivir (o de sentir).

En los mercadillos, en las librerías, en las tiendas de siempre uno va buscando algo con la excusa de no toparse con sus recuerdos. Pero el libro viejo que compramos, la porcelana antigua que nos cautiva, el cachivache inútil que a buen seguro no sabremos qué hacer con él, no son sino pequeñas piezas, elementos que tejen esa tela de araña donde han engendrado nuestros recuerdos. La ingente llave antigua que abría los portalones de los corrales del pueblo no es un trozo de hierro fundido en nuestras manos, sino que en ella apreciamos todavía las huellas de las manos que abrieron esas puertas, y, una vez abiertas, en la retina de nuestro corazón, salen a la luz los maizales, el olor a vaca recién ordeñada, los pesebres en los que se acumulaba el ganado en busca de su ración de pastizal diario y unas voces de niño, tal vez las nuestras, que corren detrás de esos animales, cuyo eco aún conservamos.

Después de aquel primer beso a la sombra de los árboles de la piscina —un beso, como el bautismo de Cristo, purificador, esclarecedor y catártico—, hubo más besos, en la calle, en las esquinas, delante de las persianas que los argos nocturnos agujereaban con sus navajas de vidrio, en el parque, aquel parque al que con el tiempo volvería como a ciénaga de azufre para que las aguas de sus fuentes me devoraran, en los graneros que ya desaparecían, en el campo abierto y a la luz de las hogueras con que los campesinos se deshacían de los restos de sus cosechas y luego contemplábamos el revoloteo de las pavesas que caerían sobre las plantas de los patios como una lluvia negra de agosto.

Con el paso del tiempo las imágenes hundidas en la ciénaga de la memoria se vuelven más transparentes, como si fueran figurillas que reaparecen en la superficie de un lienzo tras haber permanecido durante años ocultas por el aliento oleaginoso del pincel.

Somos lo que recordamos.

Nadie muere jamás.

Sólo mueren los recuerdos.

¡Cómo olvidarme de ti si tú fuiste el que insuflaste a mi cuerpo el imprescindible aliento de vida!

El amor, ese extraño paraguas para una lluvia imposible. (Claro que del amor también se dice ese sueño.)

La Gorda era mala.

—Jesús, cómo habla el tío.

—Ella es muy loca hablando.

—Fíjate lo que se le ha pegado el habla.

—Bueno, es que él habló siempre con un dejito.

—¿Qué cosa?

—Anda, ábrete, boca, y di lo que quieras.

La Gorda, que era mala, volvió de Barcelona, pasado un tiempo, para las Fiestas de agosto. La Gorda, una apátrida de las soledades del campo, moderna ella en la ciudad, haciendo sus cosas para vivir, volvió al pueblo pasados unos años, para las Fiestas de agosto, con unos aires de que se quería comer el mundo, y compraba carros enteros de verduras en el Mercado Municipal de Abastos, y saludaba a todo aquel que se encontraba, conocido o no, y le asestaba un par de besos como puñaladas de Judas detrás de la oreja.

La Gorda era mala, una suerte de Eva en estado primitivo,

vivaracha, de lengua bífida, monaguillo, recadero, insultante, una maldición bíblica o un castigo de Dios, que ayudaba a las viejecitas a cruzar la calle, les sisaba los ahorros, insultaba a las mujeres, «pajeaba» a los maridos... La Gorda se fue a Barcelona, voluntariamente, sin que todavía le diera tiempo a nadie de echarla a pedradas, y volvió algunos años después, para las Fiestas de agosto, hablando como fregona de estropajo, con los pelos rizados, las tetas de punta, el culo más gordo, un bolso al hombro y unos leotardos negros con los que quería estilizar su mastodóntica figura. La Gorda, que era mala, profanó el nombre de Nikita la Mariquita y de cuantos más del pueblo se habían instalado en el cinturón industrial de Barcelona, hablándonos del hambre que pasaban, de las soledades que sufrían, de las miserias que habían padecido para soportar la vida... La Gorda se presentó una mañana en casa de la señora Fuensanta, con la excusa de darle un beso de parte de Nikita la Mariquita, y la señora Fuensanta la echó a escobazos de la casa, porque no quería escuchar las palabras lacustres de la Gorda, quien afirmaba que Nikita la Mariquita no trabajaba de cajero en un restaurante, sino que estaba en la calle, viviendo en y de la calle, haciendo la calle...

La Gorda, que era mala, despertó dormidos deseos, rencores antiguos, insultos de siempre, y expuso su culo desnudo, como alcancía hueca, en la trastienda de las atracciones de feria, detrás de la carpa del Teatro Chino de Manolita Chen, por donde se le fueron colando las monedas y las pollas de los adolescentes descompuestos con sus primeros polvos, las pollas de los maridos insatisfechos o de los maridos de pollas bífidas, como la lengua de la Gorda, que era mala; pollas de los ancianitos de la residencia que gastaron la paga extra de julio para subirse al tren del placer que era el culo desnudo y hueco de la Gorda. Cuando sonó la traca final y en el cielo los fuegos de artificio se confundieron con las perseidas lágrimas de San Lorenzo, el olor a pólvora que se mezclaba con el olor a churros y a papas fritas ya no pudo ser inhalado por la Gorda, a quien habían arrancado la cabellera pensando que llevaba peluca.

La Gorda, que era mala, fue encontrada con el frescor de la amanecida en el arroyo sucio de los cañaverales, con el cráneo al aire, los falsos pechos arrancados de cuajo, entre las heces, compresas, perros muertos, restos de abortos humanos, condones, semen y sangre, con las ideas al aire, sus falsos pechos ajados y un tronco de olivo metido por el culo que la había partido en dos.

Los ángeles de bronce de la ciudad, los ángeles buenos, los que bajaron del cielo para subirnos con ellos, pero se quedaron atrapados en la densidad del éter. Los ángeles de bronce nos miran, ya digo, a medio camino entre el cielo y el asfalto, quietos, inclinados como palomas con diarrea que no se atrevieran a bajar de los edificios.

A la ciudad, cuando pequeños, sólo íbamos por asuntos de médico: para que nos sacaran una muela, para que nos escayolaran un brazo que se nos había partido mientras escalábamos un árbol, para que nos pusieran las gafas... Más tarde, la ciudad, los olores y la fragancia de la ciudad, conformaron ese nido en el que se suponía que crecería sano y fuerte nuestro amor.

Los ángeles de bronce de la ciudad, los ángeles buenos... Desde aquí también se imagina la ciudad, se sueña la ciudad, se desean sus ángeles de bronce, sus ángeles buenos. La ciudad, con sus altos edificios, sus parques llenos de maniquíes modernos, sus grandes avenidas, los domingueros hambrientos que mordisquean la tetita de la barra del pan, anticipando ya en el ensalivado del gesto el momento de placer que les aguarda a los postres, o, quizá, por ausencia aterradora de aquél, ensoñándose en el masticado voluptuoso con esos órganos, tetilla, pene, que, cuando se han perdido, se desean, como el juguete de la infancia, con más ahínco.

La ciudad, también, en la noche, inclinada sobre el asfalto, da de mamar, como loba romana, a quienes no reconoce como sus hijos. La ciudad-loba que amamanta y luego aparta de sí a quienes tratan de arrebatar un puñado de escombros al camión de la basura; los vendedores de bocadillos envueltos en papel de aluminio, como fiambres sin identificar recién salidos de la cámara frigorífica; los repartidores de propaganda nocturna invitándonos a los lugares del subsuelo, para escuchar canciones de antaño con voces de ahora; la ciudad, la obscuridad, los Eros eternos que venden su cuerpo y los hombres vestidos con el obscuro manto de la noche que compran, que sacian, que sueñan...

Las miradas que encontramos en la noche, de madrugada, que chocan contra nosotros como coches sin dirección, posiblemente nunca más volvamos a verlas. Hay en estas miradas como un mensaje, como un grito, como una seña de identidad, un algo no sé qué fraterno que nos identifica y nos une: estoy solo.

Los ángeles de bronce de la ciudad, los ángeles buenos, los que bajaron del cielo para subirnos con ellos, pero se quedaron atrapados en la densidad del éter.

A Paco el Canalla, el muchacho agitanado de ojos profusamente negros, cabello rubio y piel coriácea que destilaba el aire que respiraba el maestro, lo teníamos Nikita la Mariquita y yo ya fichado, porque, aparte de que, como angelito, velara las cuatro esquinas en que se acunaba nuestro sueño, de él se decía que, cuando se masturbaba, le llegaba la leche hasta los hombros.

Paco el Canalla, hermoso en sus ojos negros como si fuera un descendiente de los príncipes Omeya, y los Eros eternos del pueblo, entre los que se encontraba el apuesto hijo del alcalde, el que otrora fuera pretendiente de la Lirio, y Emilio, el hijo de don Bartolomé, el practicante —un muchacho moriego de aspecto sureño que acababa de estrenar un minúsculo e irrisorio bigotillo sobre el labio superior, como un incipiente e inverosímil reguero de hormigas que le daba un aire de fragilidad y de desmesurado apetito de sexo y que nos hacía, de un lado, querer cuidarlo como en sanatorio al enfermo, y, de otro, desearlo desnudo en los trigales, en los graneros, en obscuras y violentas esquinas del pueblo— se iban los sábados por la noche, en ingurgitante desvarío de sombras y sueños y caracoleos de embriaguez —en deseada e inalcanzable trinidad de ángeles—, a paladear los goces mórbidos de la cercana urbe.

Paco el Canalla y sus dos acompañantes, de quienes los argos nocturnos decían que eran una misma nota en dos registros, volvían luego al pueblo en la amanecida del domingo, con un ocultamiento en sus ojos propio de los faraones egipcios, habiendo dejado atrás, en la ciudad, una desbandada de perfumes y de teselas de sexo en las cuevas obscuras de las muchachas morenas que tanto odiábamos —y cuya belleza maldita envidiábamos—, de vasos vacíos de botellas de *Bass* y de copas de vino sobre los mostradores de mármol, de reflejos, a la luna, de faca, como fugitivas sombras a las que siempre diera alcance la navaja cautiva de Romero de Torres.

El maestro, aquel viejo maestro, el hombre solo, seguía a Paco el Canalla aquellas noches cortadas el bies, lleno de esa soledad de la que se hace acompañar la exquisita muerte, y se escondía de sus miradas tras las sombras que proyectaban los cuerpos de los tres muchachos hermosos, y entraba en las pinturas decadentistas de las tabernas, y subía a la pensión tras ellos y tras las risas punzantes de las muchachas morenas a quienes acompañaban, nadando en un océano de notas de guitarra y estupefactos sueños, y oía el jadeo, la risa aterradora del placer, los instintos rastreros de la caída icárica de Paco el Canalla en el interior de aquellas cuevas obscuras que tanta repulsa nos suscitaban, y lloraba, lloraba el maestro, cegados ya sus ojos de fragmentos apocalípticos cuando Paco el Canalla abría la puerta del cuarto de la pensión y encontraba al maestro como sierpe enroscada en el rellano de la escalera.

El maestro, aquel viejo maestro, el hombre solo, como si entonase una saeta desgarradora que le inspirara el «Nacimiento de la Venus» de Botticelli, henchida de lamento, que se tornase bumerán en su propio cuerpo, era expulsado a la calle por las hiperbólicas palabras de Paco el Canalla, y caía sobre él la intemperie de las estrellas, tiritando de una melancolía que se sintiera estrangulada por la medianoche, e invocaba la figura de Némesis en una traslación al viento de los sufrimientos y mortificaciones captados por su corazón turbio.

Luego, en el pueblo, cuando los tres muchachos habían recompuesto sus macerados cuerpos con una taza de chocolate y un manojo de churros, Paco el Canalla se despedía de sus dos hermosos amigos hasta el sábado siguiente, y pasaba por la pensión en que se hospedaba el maestro, quien dormía todavía o ya se aprestaba a sacudirse la pesadilla de la noche, domando entre sus sueños a un indómito Bucéfalo, acariciando con una mano de aire la figura del joven Leónidas en sus dieciocho años.

El maestro, aquel viejo maestro, el hombre solo, aspiraba con un gesto de Cristo crucificado el extraño perfume que Paco el Canalla había traído adherido a su piel, hasta que se desvanecía con su olor en una nube etérea de espumoso éxtasis, y reprendía al muchacho, el maestro, con una hipérbole refractaria de dos labios que se desean, y desnudaban sus cuerpos, y desnudaban sus almas, pardos sus corazones en las noches pardas.

Cuando la lengua del sol tintineaba en el vidrio de los cristales como el picoteo de un pájaro de fuego, los cuerpos del maestro y de Paco el Canalla eran ya dos sierpes enroscadas por la cola y una cueva obscura donde se refugiaban los ofidios.

Y así la vida se resume en un cúmulo de recuerdos, de vivencias, de sensaciones, de notas de música en las que quedamos atrapados como queda atrapada la serpiente en la ciénaga, de visiones amasadas imaginativamente de que ya estuve allí, no porque el cerebro nos traicione, sino porque el corazón, bañado en las aguas de aquel botijo que en nuestras bocas chisporreantes se tornaba en hechicera, nos dice que ese episodio ya lo hemos vivido antes. Y cuánto antes.

Soledad:

«Carencia de compañía.

Pesar y melancolía que se siente por la ausencia, muerte o pérdida de alguna persona o cosa.

Lugar desierto o tierra no habitada.

Copla que se canta y danza que se baila con esta música. Suele constar de tres versos octosílabos que riman en asonante el primero con el tercero, y el segundo queda libre.

Tonada andaluza de carácter melancólico, en compás de tres por ocho...»

Fíjate lo que me dice el diccionario respecto a la palabra soledad, lo que me cuenta a mí, de lo que me informa. La voz de la soledad es atronadora, pero no basta para ahogar la voz de mi conciencia, que grita tu nombre al mundo entero.

Soledad...

Soledad es el silencio de la casa y en ella a todo volumen la música del transistor. Soledad es la mesa grande, el exceso de cubiertos, la fruta que madura y que se arruga porque quien tenía que haberla saboreado hace ya tiempo que no se sienta a esta mesa. Soledad es la columna de revistas que se

acumulan en las estanterías del salón, que hojeamos mientras creemos ver la televisión, que subrayamos, recortamos, imaginando algún día visitar los lugares cuyas fotografías nos invitan. Soledad es la cama y el alma, demasiado grande una, prieta y como asustada la otra, esa cama, esa alma, en la que alguna noche zozobramos, presos en las redes ennegrecidas de otros cuerpos cuyo rostro va dibujando el pincel de nuestra ilusión.
Soledad.
La paz, el silencio de la calle a esa hora en que sólo se conjugan en ella la luz y el aire. Soledad. La señera peculiaridad de abrigarse en casa de las tormentas de la calle, de los insultos, de las miradas, como puñales, que se te clavan...
Quien no haya vivido este desprecio, ni sufrido destierro (interior), no sabe lo que es la soledad.
La soledad, a diferencia de la poesía, no se basta a sí misma. El hombre, el hombre no.

El maestro, aquel viejo maestro, el hombre solo. El maestro, preso en un jardín de brumas como velos de gasa que se desmayaran sobre los árboles, olisqueaba la ropa interior de Paco el Canalla, con una clarividencia homérica de que, pasado el tiempo, sólo le quedaría ese olor de tanta pasión.
El maestro, aquel viejo maestro, el hombre solo, tenía en los labios la marca voluptuosa del paso del tiempo, como si, por culpa de un excesivo disfrute de amor, quisiera ahora dejarle ese diosecillo maligno su pétreo recuerdo.
El maestro se estremeció en la cama aquella mañana de domingo en que se abría el día rompiendo la placenta nocturna los pináculos del cementerio, bostezaban las chimeneas, abrían sus fauces de música las orquestas de los corrales, y don Bartolomé, el practicante, como un carámbano de hielo que se abriese paso rompiendo a navajazo limpio la

placenta nocturna que envolvía el pueblo, arrastraba su pierna izquierda y la cojera que en ella tenía desde un lejano tiempo atrás, con un no poder articular la rodilla que le obligaba a andar de medio lado, hola y adiós en sus paseos por el pueblo, disculpe usted, pero no le he visto.

Don Bartolomé, el practicante, llegó hasta la pensión en que se hospedaba el maestro, con un sonámbulo y confuso vaivén de la ola que baja y la ola que sube, saludando a quienes se levantaban, saludando también a quienes se acostaban, portando entre sus brazos una hipóstasis de perro que le había regalado un camionero austriaco, y soltó al animal sobre el mullido colchón en que descansaba el maestro, como si, a falta de un regalo por sus sabios consejos, quisiera en aquellos luctuosos momentos consolarlo con un silfo de aire.

El maestro, aquel viejo maestro, el hombre solo, tejiendo en su madeja de sueños un sueño que más tarde inspirase a Liszt para componer su «Sueño de Amor», como si descendiera de otras latitudes donde la soledad es completa, tomó entre sus manos las manos voladoras de don Bartolomé, el practicante, y, en ausencia de palabras que le explicaran el taimado funcionamiento de la mecánica celeste, el maestro fue leyendo con doloridas pausas los ojos ahogados de don Bartolomé, el practicante, como ya lo hiciera la noche en que el camionero austriaco lo abandonó y el maestro hubo de consolarlo aplicándole el bálsamo de su mirada en sus ojos.

El maestro y don Bartolomé embozaron sus congojas con un beso de antiguos amantes, porque uno había perdido al muchacho que sabía como nadie articular los sonidos canoros de la noche, y el otro el único recuerdo tangible que le quedaba del camionero austriaco, aquel muchacho de bigotillo incipiente que el camionero engendró en el vientre de la mujer de don Bartolomé, el practicante, depositando en el líquido de su semen unas gotitas de sirope que endulzarían los postreros y amargos días de don Bartolomé.

Al maestro, como si recurriendo al sortilegio de la mancha de semen en los calzoncillos del muchacho quisiera recuperarlo, se le fueron los días de nube en nube, de hilo dorado en hilo, asiendo con la pituitaria lo que ya no podía asir con sus manos, y se tumbaba desmayado sobre la cama, con los calzoncillos del muchacho encima de su rostro, como una máscara griega con la que pretendiera, más que fingir, la catarsis.

¿A cuántos hombres he amado?, se preguntaba el maestro mientras un frío mortal osaba acariciarle el rostro y entraban a hombros en la hermosa Iglesia de Santa Marina de Aguas Santas los tres ataúdes de los tres hermosos muchachos. ¿A cuántos hombres he amado?, y la Lirio, inútil como el astro rey en su intento de abrirse paso entre una cornucopia de nubes tempestuosas, se asía en invisible complacencia al dolor del maestro, mientras los feligreses se lamentaban de esas tres inútiles muertes, de esos tres cuerpos sin vida que había succionado la nueva carretera comarcal, justo a la altura de la última Cruz de Término que quedaba en el pueblo, unas Cruces de Término que, según nuestras posteriores investigaciones, se erigieron a la entrada o salida de los pueblos con el fin de, con el poder sobrenatural irradiado de las Alturas, librar a los burgos de los azotes de la peste, del cólera y de cuantas más epidemias causaban estragos en la humanidad, pero que habían resultado ineficaces a la hora de proteger a los tres hermosos muchachos de una macabra muerte.

¿A cuántos hombres he amado?, una vida ya sin abriles ni noches de diciembre y franela. Sólo a ti, respondía el maestro olisqueando la mancha de semen que de la fuente sin freno del muchacho se había caído la noche anterior. Sólo a ti. He estado con muchos. Muchos estuvieron conmigo. Pero a todos puse la careta de tu rostro.

Las flores que siempre había sobre la tumba de Paco el Canalla eran las flores que todas las mañanas le llevaba el maestro. Las flores que siempre había sobre la tumba de Emilio, el hijo de don Bartolomé, el practicante, eran las flores que todas las mañanas le llevaba su padre, quien rezaba una oración de súplica y hastío, y rememoraba aquel episodio escabroso del camionero austriaco. Las flores que siempre había sobre la tumba del apuesto hijo del alcalde eran las flores que la Lirio, con unas sombras de vivo azul en el rostro como pinceladas de Renoir, abandonando temporalmente su tacita de porcelana Ming, le llevaba todas las mañanas, más despierta ahora desde el trágico accidente de carretera que se llevara la irremplazable vida de los tres muchachos, no sabemos si por el frescor del rocío o si porque, aun bailando un vals triste, hubiese encontrado remedio para la extracción de la piedra de su locura.

El pueblo, para crecer, perdió unas casas a las afueras, como los dientes de leche, unas antiguas escuelas que llamaban del Matadero, y un erial donde vertían las aguas fecales, algo nuestro, como las cataratas putrefactas de una Amazonia para siempre moribunda.
El pueblo, para crecer, construyó un jardín de ensueños y espesas brumas inspirado en la imaginación de algún iluminado, en un erial que llamaban El Llano de las Fuentes, donde se alzaban tres pétreas y antiguas fuentes de aguas cristalinas de las que, con el devenir del tiempo —cuántas cosas nos depara el devenir del tiempo— se nos prohibió beber, en un paisaje inimaginable todavía para nosotros, de brumas hechas de encaje y más espesas brumas hechas de grecas, como si las primeras brumas se alimentaran de las segundas y todas ellas tuvieran su origen en las brumosas y atormentadoras brumas de las tierras escocesas.
Tenía la fuente pequeña un parterre de rosas del Sur y jazmines traídos de los bosques de Viena, cuyo aroma se

mezclaba con el rumor de las aguas que cantaban jubilosas endechas, mientras los patos cruzaban majestuosos la mansa superficie del estanque y los niños jugaban y alborotaban con sus voces de primavera lanzando granos de trigo a los cebados ánades.

A la fuente del medio la llamaban la Fuente Redonda, en torno a la cual se extendía un anillo de césped y rosaledas y sensibles matorrales que temblaban sin cesar al conjuro del suave céfiro, como si temiesen que esa caricia fuera el preludio de un huracán que los desmembraría y les haría perder el olor del que se alimentaban y por el cual vivían.

Y, por último, la fuente más antigua, la denominada Fuente de los Caños Dorados, de 1.777 —según constaba en uno de los mármoles de sus pilares—, oculta en el follaje de unos árboles milenarios, descansando sobre la esmeralda imposible del césped, soñando sobre el verde tapiz de las tuyas, que vestían y recubrían el muro que sostenía los caños, con un anillo de oro perfumado de rosas y un chorro de agua acariciado por las inestables nubes.

Decían, de esa fuente, cuando chicuelos —cuántas cosas, también, nos dijeron de chicuelos: la mitad de todos aquellos consejos se nos han olvidado; la otra mitad nunca se cumplieron—, que a quien bebiese de sus aguas se le quedaría aprisionado el corazón. Nikita la Mariquita y yo bebimos de la Fuente de los Caños Dorados en muchas ocasiones, implorando a Cupido que nos atravesara con su flecha, o, cuando menos, que apagara en nosotros el fuego de la adolescencia que corría el peligro de extenderse, piromántico, por los trigales amarillos de los campos.

A la sombra de esa fuente, a la sombra de aquel jardín que en mis sueños ya no tenía adónde acogerse, se fraguó el preludio de nuestro amor que luego tendría su correspondiente fuga y *sfumato* en la ciudad, del mismo modo que ahora, cuando los patos se retiran a su casita de madera a descansar, atraviesan la tela de este parque las arañas nocturnas que van camino del cementerio viejo o que ya regresan extasiadas de él. Caen atrapados en la maraña perfumada que tejen los naranjos; son perforadas sus almas por las ortigas cautivas que trepan los matorrales; beben en la Fuente de los Caños Dorados, enloquecen, aman a los drogadictos que han reemplazado a los patos, gritan, enfurecidos, creyéndose Teseo que persigue en el laberinto de Creta a un Eros llamado Minotauro. Así yo. No hay grano de arena de este *loco citato* que no conozca como la palma de mi mano, y, sin embargo, me siento un extraño en él. No respondo a la boca que tras los arbustos me sonríen; no miro a los ojos de lobo que tras los matorrales me vigilan; no ofrezco fuego, no doy la hora ni los días, ni siquiera mi alma ni mi corazón, ni siquiera, fíjate, ese apéndice que me cuelga como el péndulo de un decorativo reloj de pared, se conmueve o se excita, ante ese otro apéndice, más vivo y juguetón, que me invita a inhalar el perfume de los jazmines de su costado.

También yo bebo de la fuente en el marco feérico de la medianoche, y vomito toda suerte de vísceras y recuerdos fracturados, y escapan por la ventana de mis ojos todos esos fantasmas que ha generado la soledad de la noche, de tantas y cuántas noches, y soy trasladado por un remolino de vapor blanco, muerdo el borde plateado de una taza, a punto ya de brotar de mis entrañas no sé qué clase de extraño alienígena que me recuerda a ti, y sólo veo, al fondo, entre los árboles, detrás de los visillos de las brumosas brumas escocesas, el resplandor intermitente de una luna que se masturba y un mar blanco en el que se ahogan tus peces de colores.

«Sobre pupila azul, con sueño leve,
tu párpado cayendo amortecido
se parece a la pura y blanca nieve
que sobre las violetas reposó:
yo el sueño del placer nunca he dormido:
Sé más feliz que yo.
Se asemeja tu voz en la plegaria
al canto del zorzal de indiano suelo
que sobre la pagoda solitaria
los himnos de la tarde suspiró:
yo solo esta oración dirijo al cielo:
Sé más feliz que yo.
Es tu aliento la esencia más fragante
de los lirios del Arno caudaloso
que brotan sobre un junco vacilante
cuando el céfiro blando los meció:
yo no gozo su aroma delicioso:
Sé más feliz que yo.
El amor que es espíritu de fuego,
que de callada noche se aconseja
y se nutre con lágrimas y ruego,
en tus purpúreos labios se escondió:
él te guarde el placer y a mí la queja:
Sé más feliz que yo.

Bella es tu juventud en tus albores,
como un campo de rosas del Oriente:
al ángel del recuerdo pedí flores
para adornar tu sien, y me las dio:
yo decía al ponerlas en tu frente:
Sé más feliz que yo.
Tu mirada vivaz es de paloma,
como la adormidera del desierto
causa dulce embriaguez, hurí de aroma
que el cielo de topacio abandonó:
mi suerte es dura, mi destino incierto:
Sé más feliz que yo.»

Juan Arolas
1805-1849

y, en mi frente, revoloteando el aire, como presa una mariposa...

El austriaco fue el primer camionero que atravesó aquella carretera comarcal que, como un festón negro, bordeaba la tacita blanca de porcelana.

El austriaco se detuvo con su potente camión a repostar en la gasolinera de la carretera comarcal del pueblo, y bajó de él despertando en cada uno de sus movimientos a un adormecido Encélado. El austriaco puso sus pies sobre la tierra, y tembló él, porque un clavo olvidado por los albañiles o por el juego desordenado de los muchachos —y al que el sol y la lluvia ya había otorgado su película de herrumbre— atravesó como a Cristo la suela de sus botas. El austriaco, eructo personificado del Etna, fue trasladado a la sillita de la reina hasta la consulta de don Bartolomé, el practicante, casado hacía años con una hermosa mujer, envidiosa y admiradora del matrimonio Arnolfini.

Don Bartolomé, el practicante, siempre con un gesto de que se le caía la mano en eterna catarata y un sexo largamente vegetativo de Niño Cantor de Viena, colocó, al ver al austriaco, los ojos en blanco, como si estuviese contemplando la llegada de un ángel, un ángel con ojos de arúspice, como prontamente comprobaría, y unos cabellos de un negro irisado que semejaban al caparazón de un escarabajo pelotero.

Un ángel que, por querer parecerse a Dios, acabaría siendo el diablo.

Don Bartolomé, el practicante, evocando las enseñanzas que le diera en su día el maestro, aquel viejo maestro, el hombre solo, ordenó al austriaco que se bajara los pantalones y, con una osadía que nos haría recordar las correrías protagonizadas por el manco de Lepanto, le puso una inyección o vacuna contra el tétano. El austriaco, Heracles germanófilo que invirtió los mejores años de su adolescencia practicando violentos juegos de *foot*, apenas esbozó una mueca de queja o dolor —muy diferente a lo que nos ocurría a Nikita la Mariquita y a mí cuando caíamos resfriados y don Bartolomé, el practicante, tenía que pincharnos, no sin antes recostarnos sobre el regazo de nuestras madres y morder con los dientes fieramente apretados el pañuelo con que nuestras madres secaban su lagrimal, por temor a que nos mordiéramos la lengua—, mientras don Bartolomé, el practicante, esculpía y tallaba, taladraba y perforaba con la aguja aquella pieza de mármol de Carrara que a buen seguro también hubiera sido codiciada por Miguel Ángel.

—Ya está —dijo don Bartolomé, el practicante, limpiando la jeringuilla y retirándose con dolor de aquel félido—. No mueva la pierna durante unos días... por precaución.

La medicina, cuanto más amarga, mejor, debió de pensar don Bartolomé, el practicante, cuando el austriaco se pasó la mano por encima de su cabeza corintia.

—¿Entiende? ¿Usted me entiende? Quiero decir, ¿habla usted mi idioma?

El austriaco intentó incorporarse, emulando con sus movimientos a un cansado árbol de Garoé.

—¡No, no, no! —gritó don Bartolomé, el practicante—, no apoye usted el pie en el suelo.

Y se acercó de nuevo al austriaco, preso de un sentimiento místico de exótica fantasía, y de nuevo lo sentó en la silla, y de nuevo contempló al tornasol de las cortinas el rostro gongorino de su paciente, su osadía cervantina, el vaho que emanaba de su cuerpo como de una hoguera que hubiera sido deficientemente apagada...

Cuando la mujer de don Bartolomé, el practicante, la envidiosa y admiradora del matrimonio Arnolfini, colocó su ojo ebrio de sueño y deseo en el ojo de la cerradura de la puerta para ver lo que pasaba en el interior, pudo ver de los rostros dos sombras y un beso apenas esbozado que surgiera del Infierno de Dante.

¿Quién soy yo?
Yo soy el responsable de mis recuerdos.

Soy Miguelito el Tonto, no por el mastodóntico pene por el que pasara a formar parte de la historia particular de nuestras vidas, sino por la madeja de sueños con la que tejió sus días; un poco los argos nocturnos, los de los cien ojos, cuando escudriñaban con sus linternas de sapo el acontecer de la noche y el acontecer del día. Soy Rafalín, el costurero, el maestro que había enseñado a bordar a las mozas casaderas del pueblo, por más que mis habilidades con el hilo y la aguja no vayan más allá de poder coserme un botón de la camisa y mis buenos propósitos de apuntarme algún día a un cursillo para, como Dédalo, hacer maravillas con los puntos de cruz. Pero, sobre todo, soy la lluvia y el sol, el rabo de viento y el azul del aire, la mota de polvo que danza en la alcoba y la luna de semen que ya se retira.

Soy la Lirio, la bella, la ajada, la que bebió del amor en el vaso de siempre, la que retuvo unos ojos en el azul de sus ojos, la que mordió unos labios por locura de amor. Soy Nikita la Mariquita, el que escapó, el que huyó del prepucio gigante del pueblo, el que se desmayó. Pero, sobre todo, ay, soy el maestro, aquel viejo maestro, el hombre solo, el que salía a pasear por la carretera comarcal que bordeaba el pueblo y buscaba en las chiribitas del sol el rostro de los muchachos a los que un día, en silencio o a voces, iluminados sus cuerpos por el óculo central de la luna, amó fieramente. Amó. Hay secretos, silenciosos y pétreos, sentados en los palacios de nuestros corazones.

¿Quién soy yo?

Se enganchaba la maraña de bruma de las ramas de los árboles, como un toldo de ensueño que surgiera de la noche de lluvia, y caía luego, falsa la sujeción de la luna, sobre las plantas de los patios, enredándoseme la bruma y el sueño a los pies, en una suerte de croché malintencionado que me confundiera con Gulliver...

A mamá se le empañaban sus ojos de escarcha, en aquellas noches de invierno en que una nube borracha de agua del Nilo derramara todo su vómito sobre el caballo de cartón que dejé olvidado al fondo del corral, y papá hacía tiempo ya que compartía con el abuelo el frescor marmóreo del panteón familiar, y nosotros habíamos dejado de interrogarnos sobre el significado de los pitidos en los oídos o el significado de los sueños —por qué siempre caíamos a un interminable agujero sin fondo; qué significado tenía el cuchillo sobre la mesa de la cocina; por qué zozobrábamos en un barco si nunca habíamos montado en uno, si ni siquiera conocíamos el mar, y, sobre todo, por qué nos visitaba siempre una serpiente cuando nuestros sueños se tornaban rosas y pensábamos que el mundo estaba hecho a imagen y semejanza de nuestros deseos...—, o sobre el porqué una mancha de oro fundido aparecía algunas mañanas en la entrepierna de nuestro pijama.

A mamá se le empañaban sus ojos de escarcha, en aquellas noches de invierno en que el silencio y la soledad de la casa toda era para nosotros, y los hermanos mayores habían hecho uso ya de los ajuares que descansaron durante años en el fondo de los baúles, y mamá tejía jerséis de punto que ya nadie se pondría, o hacía pañitos de croché, o me zurcía la ropa que habría de usar a la mañana siguiente.

Mamá, concentrada en sus pensamientos, feliz en su nebulosa de invierno, desmadejaba la madeja de mis recuerdos con la que pretendía, como si me echara un chal de artesanía sobre los hombros, abrigarme, reclamando con su maternal gesto un estado permanente de embriaguez para que escapara del tiempo.

—¿Te acuerdas? —decía mamá mientras se le empañaban sus ojos de escarcha—, una noche como ésta naciste tú, una noche de viento, de lluvia, de mucho frío...

Y pasaba páginas, mamá, al álbum de fotos color sepia —las fotos de aquellos días son siempre de color sepia— que retenía en su memoria: así se liberaba de la temporalidad o pretendía liberarme a mí de ella, dedo humedecido en saliva que vence al Goliat acartonado de tapas duras, hipérbole de tiempo e hipérbaton de lluvia unidos contra un frente común: la temporalidad del tiempo, mientras el sonido de la lluvia de la noche en que yo nací me evocaba una chirimía de ángeles y truenos.

A mamá se le empañaban sus ojos de escarcha...

—¿Te acuerdas cuando jugabas con fulanita a la comba? ¿Te acuerdas cuando echabas el diábolo con Nicolás? ¿Te acuerdas cuando, para callarte, me pedías un par de agujas y una madeja de lana para hacer lo que yo...?

A mamá se le empañaban sus ojos de escarcha, mientras tiraba del hilo vidrioso de la madeja de mis recuerdos, y sacaba de ella a amigos que no he vuelto a ver, amores que no he vuelto a tener, rostros desdibujados por el aguarrás del tiempo y que ahora yo, en el recepto de mi alcoba, donde respiro una paz que sólo me sería dable en la Biblioteca de la Abadía francesa de San Claudio, recompongo en silencio con el pegamento de mi ensueño, mientras dejo caer en el hueco de la almohada tu nombre, como si restituyera a su nido una cría de gorriones que una mano de viento lanzara al camino.

Amigos que no he vuelto a ver.
Amores que no he vuelto a tener...
¿Qué harán?
¿Qué habrá sido de ellos?
¿Qué estela habrá dejado sus vidas?
¿En qué quedó aquella caricia apenas insinuada, aquel beso en los lavabos de la escuela, aquella masturbación a obscuras reclamando de la magia de la noche la configuración de un cuerpo, aquella carta que, a todas luces, aun taimada de formalismos y frases hueras, era una declaración de principios, una declaración de amor?

Amores de los que no he vuelto a saber, amores de pupitre, amores de escuela, amores de instituto, ya delatándome la espinilla de la masturbación en mi rostro, amores de cuartel —qué dolorosos— en la soledad fría de la nave, balanceándonos con el ruidoso vaivén de la litera, barco que no me conduciría a ningún puerto... Amores de ciudad, amores fracasados que se estrellaron en el acantilado pedregoso de la noche... aquellos amores que compré... aquella soledad que con muchachos ocasionales sobrellevé...

—¿Te acuerdas? ¿Qué fue de aquel muchacho?
—Por favor, mamá, me haces daño.

Y a mamá se le cerraron un día sus ojos de escarcha, rescatando de la hoguera apagada de mi vida aquellos trozos de ascuas con los que pretendía darme calor, mientras yo anhelaba, para olvidarte, la noche polar y el invierno eterno.

No todos los maricas mueren al amanecer.

A Nikita la Mariquita se le acercó un hombre en el Metro, después del trabajo en el restaurante, cuando la luz enlunada de una luna asfixiada de ciudad vertía sobre los transeúntes chorros de odres nuevos.

Nikita la Mariquita, atrapado en la soledad como las

moscas de antaño quedaban atrapadas entre el cristal de la ventana y la cortina del dormitorio, fijos sus pies al légamo de las irrefutables tentaciones, nadando sus deseos en un mar de sombras, sonrió al desconocido, quien se sentó, en el Metro, junto a él.

Pasaban ante los ojos de Nikita la Mariquita las estaciones del Metro, vacías de gente como las estepas del Asia Central, y desplegó el desconocido —un enamorado de Grecia como el inconmensurable Schliemann— ante los ojos de Nikita la Mariquita un cartapacio, ante aquellos ojos ya a punto de escalar la yedra que le sugería el sonido de una serenata melancólica.

Se amaban los hombres en las fotografías del cartapacio, bajo un cielo entreverado de sol, a la sombra vidriosa y transparente de los lucernarios, llegando al corazón los unos de los otros a través de la belleza y no del sufrimiento, como si, emulando a San Juan de la Cruz, plasmasen en el aliento de sus besos la visión que éste había tenido en uno de sus éxtasis. El Metro se detuvo en Hospitalet de Llobregat, y Nikita la Mariquita bajó del vagón desplegando en sus movimientos un aire de belleza metafísica que el desconocido inhaló lleno de vida y ensueño. Cuando salió a la calle, envuelto en el viento atemperado de la medianoche, Nikita la Mariquita observó que el desconocido lo iba siguiendo, como si fuera un cuclillo en el fondo del bosque que se ocultara tras los arbustos, los matorrales, se confundiera con las ramas de los árboles y, cuando ya pensamos que ha desaparecido de nuestra vista, aparece posándose en el arco voltaico de nuestros ojos.

Nikita la Mariquita se detuvo, bajo el palor tembloroso de las farolas de la calle, y esperó a que el desconocido llegara junto a él. El desconocido, solitario como un gallo azul que nadara en el agua transparente de la medianoche, se detuvo también, y dibujó con su brazo en el aire un arco parabólico

tomado prestado al Colegio Teresiano de Gaudí, cuyos dedos alargados alcanzaron a posarse sobre el hombro de Nikita la Mariquita. Luego abrió un modernísimo surtidor de anís e invitó a Nikita la Mariquita a que bebiera de él, en un acontecimiento sólo comparable a La Visitación.
En el cielo, mientras tanto, la luna era una alcahueta que coleccionaba de amantes besos secretos.

La ciudad de los olores.
Estaba hecho nuestro nido de amor de olores nuevos en la ciudad vieja, ésa que duerme su ensueño entre callejuelas estrechas y tortuosas, casas policromadas y patios tranquilos y frescos con fuentes y surtidores.
Atrás habíamos dejado a los argos nocturnos, las sempiternas vecinas que escudriñaban nuestros besos tras las persianas de sus dormitorios; atrás las casas, de impecable albura, de aquella tacita blanca de porcelana; atrás las esencias de espliegos y tréboles; atrás los verdes trigales, los frondosos olivos, las ubérrimas huertas y los dorados viñedos.
Atrás también aquel torreón desmochado que tuvo como misión vigilar la famosa fortaleza de la enigmática Ulía; atrás la calle iluminada por el óculo central de la luna; atrás las pisadas de madrugada de tu cuerpo sobre las baldosas de la acera, produciendo un chasquido semejante al de una rama que se parte cuando un furtivo la pisa en el bosque; atrás la campiña, a lo lejos, como una soñada campiña toscana; atrás las nubes que de pequeño me seguían, la lluvia tímida y retraída de la infancia. Atrás, también, la noche que, deshilachándose, daba paso al clamoroso día.
Atrás la tacita, al fondo, en el valle, envuelta entre la niebla, como si el vaho que exhalara y del que quisiera desprenderse se desmayara luego sobre sus bordes, en un infinito morderse la cola la sardina de las escamas de plata.

Atrás, *tears, idle tears*, la casa de la infancia con sus altos muros de verdín surgiendo entre la bruma de la mañana; atrás mamá en la cocina, sin hijo ya en quien invertir su tiempo, sonámbula desdicha por las habitaciones de aquella casa que aguardaría mi regreso cuando ella ya la hubiera abandonado...

Hicimos nuestro nido de amor de olores nuevos en la ciudad vieja, cuando flotaba sobre la ciudad el perfume amarillo de los patios en mayo, a la sombra de un bosque de perfumes que nadara entre las flores.

Un nido que olía a romero y se despertaba cada mañana saludado por el puente romano; un nido en el que nos amamos, un tiempo, acunado nuestro delirio de amor por el suave murmullo de la ahogada noria, esa noria obsesionada siempre con robarle algo al fluir incesante del río. Desde ese nido, al que no le faltó nunca la protección de esa librería de fustes, ese bosque pétreo que es La Mezquita, veíamos la ciudad blanca con pinceladas de ocre, una ciudad que recorreríamos, agarrados de la mano, en el declinar del día.

Gustabas tú de pasear por la Posada del Potro; gustaba yo de acudir a la Plaza de la Corredera; me mostraste tú, como muchacho entusiasmado sus juguetes, los rincones, la esencia de las piedras, el Cristo de los Faroles y la estatua del malogrado Manolete. Te mostré yo el encanto de la Plaza Vieja, el olor a alhucema, a tomillo, a hinojo; el olor al cuero de las botas que vendían en sus tenderetes; el olor, ay, de las calles estrechas, cuando nos perdíamos en sus plazuelas y descubríamos, a la par que el beso, que nada dura lo que uno espera.

Caminamos por sus calles blancas y estrechas, como alados caminos que nos condujeran al cielo. Viendo el esplendor de aquellas piedras uno no podía sino imaginar historias arrebatadoras de amor y de sueños, protagonizadas por hermosas mujeres y no menos hermosos muchachos nadando en el aire espeso de los perfumes de una noche estrellada de media luna.

Y, por doquier, atravesado por un silbido de luna, la quintaesencia de Julio Romero de Torres.

Pregúntale al platero, platero,
que cuánto vale...

Guitarra y mujer morena. Ojos obscuros como obscuros eran los ojos de Paco el Canalla. Estoico y contemplativo, siempre la ciudad pérfida atravesada por su pincel.

Pregúntale al platero, platero,
que cuánto vale...

Eros y Tánatos en una calle o plaza cualquiera. Amor y Muerte. Tú y Yo.

Que cuánto vale...

Hicimos nuestro nido de amor de olores nuevos en la ciudad vieja.
La ciudad de los dolores.

La estancia del austriaco en el pueblo produjo una conmoción entre sus gentes sólo parangonable a la que años más tarde produciría la coronación de la hermosa de la Lirio, o la fuga de Miguelito el Tonto con el Teatro Chino de Manolita Chen, o la llegada, tiempo atrás, en aquellos inviernos lejanos de brumas, de los húngaros titiriteros que hacían escalar una cabra hasta la cima de una escalera metálica, o después, años después, las pintadas que la Gorda, que era mala, realizó en el muro del cementerio viejo referidas al amor obscuro del maestro con Paco el Canalla, como si, insatisfecha su boca y su estómago prominente, sólo encontrara consuelo invocando al maléfico Pólemos.

Salía el austriaco apoyando su corpulencia de hormigón sobre unas muletas que le había regalado don Bartolomé, el practicante, y se acercaba hasta la plaza donde estaba ubicado el Mercado Municipal de Abastos, en compañía del propio don Bartolomé, el practicante, o de su escurridiza mujer, quien, desde la llegada a la casa del austriaco y del perrito que siempre le seguía, mostraba en el rostro un halo de hierofante que nos hacía aventurar la presencia de algo sagrado.

Paseaba el austriaco su porte opalino entre los tenderetes del mercado, aconsejando a la mujer de don Bartolomé, el practicante, sobre los géneros que aquélla debía comprar, mientras se pasaba su mano sudorosa sobre su sudoroso pecho, ahuyentando inútilmente aquellos calores de agosto que nos desvelaban el sueño.

—Ay, no me hagas reír, que tengo el labio partido —decían las vecinas ante la insinuación unas a otras de que el austriaco se lo estaba montando con la mujer de don Bartolomé, el practicante.

—Y con él mismo —aseveraba otra, dejando zanjado que la lengua de Dios nunca fue muda y que el diablo sabía idiomas.

—Ni que lo digas, hija, como que Dios no cierra una puerta sin antes abrir otra.

—Qué parchosa.

Se sentaba el austriaco después de comer en el patio de flores de la casa de don Bartolomé, el practicante, a la sombra de una parra que más tarde se secaría porque un día se le ocurrió mearse en ella, junto a un pozo de piedra del que ya ninguna agua se extraía, y se desabrochaba los botones de su camisa, satisfecho al justo como una boca recién lactada, y dejaba su inabarcable cuerpo expuesto al sol tamizado por las hojas anchas de la parra, un cuerpo hecho a imagen de Dios que proyectaba sobre las paredes del patio la sombra personificada del mismo diablo.

Fue una tarde de ésas, decían los argos nocturnos, en que el austriaco derrochaba una belleza sólo comparable a su misterio, cuando la mujer de don Bartolomé, el practicante, como si siguiese el tintineo de una invisible campanilla, salió jacarandosa de su dormitorio, expulsada por el asfixiante calor, o, quizá, porque nunca hubiese estado junto a hoguera que desprendiese fuego como ése, y fue a hacerle compañía al austriaco.

La mujer de don Bartolomé, el practicante, movida por una chispa divina que saltara de un clavicémbalo de nácar, presa su alma de una sugestión romántica que descansara en la penumbra misteriosa del paisaje, adoptó una pose impúdicamente sensual frente al austriaco, quien la atrajo hacia sí con la fuerza de su mirada.

El austriaco tomó a la mujer de don Bartolomé, el practicante, de la cintura, y la montó sobre sus piernas. Bebía el austriaco del agua salada que resbalaba por los pechos de la mujer; se hartaba en la fuente de sus pezones, hacía el caballito con las piernas, resguardaba bajo la falda sus manos. La mujer de don Bartolomé, el practicante, presa de un hambre cuyo alimento ya se le había olvidado, se movía encima del austriaco como si estuviera ejecutando una danza eslava, mientras colgaba su cabeza hacia atrás, arqueando la columna de su cuello, donde el austriaco pronto comprobó la autenticidad del mármol.

Gemía el austriaco, jadeaba la mujer, ascendían sus gritos hasta lo alto de la parra, chocaban contra la superficie plana de sus hojas, circundaban los pámpanos de frío, penetraban como avispas en los racimos de uvas rojas, y caían después, en purificada y cristalina catarata, sobre el cuello macerado de la mujer, sobre el torso vulcánico del austriaco, como si el uno estuviera fecundando a la otra mediante un surtidor de oro.

Estaba ahora la mujer como danzando en el aire suspenso de la tarde, abriendo las puertas de su himeneo para la coronación de un polvo *largo e maestoso* cuando don Bartolomé, el practicante, tras el cristal de la ventana del habitáculo de su consulta, en un gesto de mano desmayada y la otra llevada a la boca, como si quisiera reprimir el eructo de un suculento pastel aderezado de pétalos, observaba a su mujer, impúdica y sangrienta, divina y alada, traspasando, a la velocidad de la luz orgiástica del sexo, del estado gaseoso de los sueños y del deseo al estado líquido de las caricias, el sudor y los besos, desplomándose como asno lanzado del cielo, cuando alcanzaba el estado sólido de la sinrazón y los jadeos.

Don Bartolomé, el practicante, como si desease para la perpetuidad el amor de las tres naranjas, se limpió el sudor de la frente con la redecilla de su pañuelo, y aspiró hondo, profundo, el aire cargado de ensueños que le llegaba del patio.

—Vámonos a la ciudad —dijiste.
—Mamá está sola —te respondí.
—Si de verdad me quieres, vámonos a la ciudad.
En la ciudad te amé.
En tu cuerpo admiré la belleza de Cristo antes del horror de la muerte. Desde el orto hasta el ocaso, aun sabiendo que una estrella brillaría de menos en el cielo, te amé y te amé, y pasé de la entrega total de tu cuerpo abandonado al rechazo paulatino, más tarde inmediato, con que algunas noches me saludabas.
Sí.
Pronto el dulce se volvió amargo; la sonrisa, mueca, y el beso, mortal mordisco. Pero, mientras tanto, te amé y te amé.
Amé los dedos de tus manos, que si bien nunca tocarían oboe ni clavicémbalo de nácar, sabían como ningunos otros enredarse a los dedos de las mías como una mano de niño que se agarrara, para no caer, al cuello del padre. Amé tus piernas, tus columnas de Hércules, cubiertas ya del pelo rizado que

tanto me gustaba acariciar; amé tu vientre, de una carnosidad pictórica, y el faro que se iluminaba cada noche para mí; amé la cueva en que mi faro se refugiaba como en cuarto obscuro de niño, fantaseando con la obscuridad de la luna, la luminosidad de la luz, las chiribitas que desfilaban, como soldados camino del frente, ante mis ojos ciegos de tanto faro, cuando ya salía de la cueva, exhausto, cansado como soldado que cuenta los cadáveres de sus compañeros, y tu boca se abría como flor al rocío en señal de pura y majestuosa gratitud.

Pero, sobre todo, amé tus ojos, esos dos volcanes en los que caí, esas redes que me atraparon, esos ojos que, no sé por qué motivo ni razón, aun de distinto color, tanto me recordaban los ojos de Paco el Canalla, primero, y los del austriaco, más tarde, tanto me erizaban cuando veía en la pupila de sus niñas el mismo brillo con que los ojos de la serpiente me atormentara durante mis sueños de chico.

Incluso como mitos, los grandes amores han pasado a la historia, cualesquiera que sean las pasiones que todavía puedan despertar en quienes viven cotidianamente sus vidas a la espera de que se tornen en dicha sus sueños de queja.

Sí.

La amistad es un misterio y el amor indefinido.

Nikita la Mariquita se despertó sonriente de su sueño de espuma.

Estaba Nikita la Mariquita abrazado a la roca que se fundiera en la noche, oculto en la cueva de sábanas que formaban sus cuerpos, agarrado como niño a falda de madre. Todavía, en su cuerpo, aquel repentino y hondo dolor cuando un barco de nieve atracó en su cueva. Luego, el silencio nectáreo, el sueño de dos cuerpos retorcidos como las cactáceas, boca pegada a otra boca, corazón fundido dentro de otro corazón.

Nikita la Mariquita abrió sus ojos, y encontraron sus ojos otros dos ojos que llevaban ya tiempo observándolo.
—Buenos días.
—Buenos días.
—¿Has dormido bien?
Nikita la Mariquita aún tardó un rato en responder a la pregunta de Luis, su nocturno desconocido.
—¿Qué crees tú? —dijo entre risas.
Acrecido como un aire cálido que ascendiera por el hueco de la escalera, Nikita la Mariquita se entregó de nuevo a la caricia del beso, a la maraña del gato, a aplacar las olas que, con la amanecida, rompían de nuevo, briosas y frescas, contra el acantilado.
—Pensé que nunca encontraría a nadie como tú —dijo por fin Nikita la Mariquita.
—El corazón más perdido ya sabe que alguien lo busca —respondió Luis.

Dante describe en el Infierno a los homosexuales caminando incesantemente.
La noche está declinando, como declina el amor, apenas perceptible.
Y yo voy solo por los caminos, aun cuando una sombra me persigue, me adelanta, como el paso imprevisto, saltarín y juguetón de un niño.
Con la dejadez de un enfermo en el afeitado, el pueblo (mis recuerdos) se cubre de bruma, almacena verdín, ingurgita la lluvia de los aleros, se suicida la gota rebelde desde lo alto del campanario.
Quien vive en la miseria no puede esperar más. (Aunque todos tengamos alegrías y miserias, sobre todo miserias.)
Amado mío: me tiembla tanto la mano que apenas si puedo escribir.

Por eso mi grafía hoy no es legible (ni inteligible). Se tambalea como en aquellos días de frío invierno en que apenas si me era dable presionar el lápiz con los dedos pulgar e índice. Así, cuando pasado el tiempo recupere los cuadernos que guardaré en el baúl donde se apilaban antaño los ajuares y las mortajas, sabré que el deslavazado hormigueo de mi grafía no responde a mi estado de ánimo, sino al frío o al calor (como el de esta noche), y, cómo no, a la posibilidad de aventura y ensueño que llevara la tinta dentro de sí.

El tiempo descubre la verdad.

Ahora, por si alguna vez dudé de su existencia, ya sé lo que es el infierno.

Yo solía acostarme con la ventana abierta, la persiana subida, a los pies de la cama, para que el viento de la noche refrescara mi rostro. Pero el viento no sólo refrescaba mi rostro: también me helaba la médula y el alma.

En el cristal de la ventana se refleja mortecinamente el eco de la luz que proyecta la bombilla de la acera de enfrente.

Y cuando, en duermevela, yo me resistía a dormir y el sueño me atenazaba a que siguiera despierto, oía los ecos lejanos, cercanos, reales o figurados de tus pasos.

Por el ojo obscuro de la ventana penetraban los ecos de tus pisadas.

Respirar, comer y dormir son batallas continuas contra la muerte.

La verdad te salvará, querido. Creo que nos salvará a los dos.

Pensar ahora en ti es llorar, buscar un amor sin encontrarlo, como en una pesadilla abrumadora y violenta.

Mañana, cuando amanezca y los rayos del sol desgarren el prepucio gigante que sobre mí se extiende, subiré a las colinas, otearé los campos; al fondo, en el valle, se me aparecerá el pueblo, como una tacita blanca de porcelana, y del interior de la tacita, de la misma forma que primero se hincha y luego se

hunde un trocito de magdalena, también se hincharán y luego se hundirán mis recuerdos. Desde todos los confines de la tierra me llegará el aire de la tarde cargado de aromas, aromas de mi juventud, aromas de mi adolescencia, que pasarán ante mí, hincharán también su pecho y se esfumarán; aromas de mi cuerpo junto al tuyo, aromas de trigo y aromas de heno. Y cuando, por fin, la luz vespertina del atardecer se haga más lánguida, los campesinos prenderán fuego a sus rastrojos. El horizonte se vestirá de rojo, como aquella lejana tarde, en la piscina, y, como aquella tarde, también, cerraré mis ojos y retrocederé unos pasos, seguro como estaré de que al día siguiente, en cuanto el viento se levante, sobre los patios, sobre las plantas, sobre tu recuerdo y mi memoria toda, volverá a caer un año más la inigualable, la incomparable, la pornográfica y sensual lluvia negra de agosto.
In loving memory of...

    Don Pedro, el cura, el diablo con sotana, que en esto de cepillarse a mujeres ajenas él sabía más que nadie, se presentó un día en casa de don Bartolomé, el practicante, para informarse personalmente sobre los rumores que en el pueblo había de que el austriaco se estaba acostando con su mujer.
    Don Bartolomé, el practicante, con un brillo deslucido en el pelo con la rapidez del tiempo, restó importancia a las palabras de don Pedro, el cura, el diablo con sotana, alegando que esas cosas siempre se comentaban en los pueblos, envidia de deseos ajenos, retazos lejanos de una conversación.
    —Caminamos hacia aquello de lo que huimos —dijo don Pedro, el cura, el diablo con sotana, echando mano a su sotana y saliendo de la casa de don Bartolomé, el practicante.
    Se fue don Pedro, el cura, el diablo con sotana, más líquido que cuando llegara, y el austriaco dejó la sombra de la parra, y entró en la consulta de don Bartolomé, el practicante, para preguntar qué quería el viejo.

—Cosas del alma —respondió don Bartolomé, el practicante, con un gesto existencialmente unamuniano.

Don Bartolomé, el practicante, de una locura culta lorquiana, se abotonó su bata de seda y se puso a hablar machadianamente consigo mismo, aunque él no esperase hablar con Dios un día. Luego se acercó al diván donde se recostaban sus pacientes, y empezó a ordenar unos cojines rojos que sobre él había, como si estuviera removiendo un mullido colchón de lana para acomodarlo a la siesta de un fauno.

—Quiero que me folles como te follaste el otro día a mi mujer —dijo don Bartolomé, el practicante, al austriaco, y empezaron a desmayarse sus prendas de seda.

El austriaco se quitó el cinto de sus pantalones y lo blandió en el aire como si estuviera ahuyentando una nube de oro etéreo. Luego miró a don Bartolomé, el practicante, a sus ojos, y le dejó el cinto marcado atravesando su pecho, como una lengua roja que le brotara de sus entrañas. Don Bartolomé, el practicante, al sentir el escalofrío de aquel beso de hielo, se estremeció en el diván como si fuera un gusano de seda cuya cabeza intentamos taladrar con un alfiler. El austriaco abrió su cueva de marfil y sacó de ella una lengua espumosa y cálida, y recorrió con ella aquel camino de hielo y fuego que había marcado en el vientre de don Bartolomé. Don Bartolomé, el practicante, quería abrazarse al austriaco, estrecharlo, abrir la cerradura olorosa de su sexo con un beso.

El austriaco se desabrochó los botones de su portañuela y dejó caer su catarata de sexo encima de la boca de don Bartolomé, el practicante. Don Bartolomé, el practicante, como si aspirara el sonido de una flauta dulce, empezó a arrancarle notas de música a aquel instrumento de juegos.

—¡Para mí, para mí, para mí! —balbucía don Bartolomé, el practicante, cuando descansaba para retomar aliento, temeroso de que alguien le arrebatara aquella porción de tarta con la que él sabía, como nadie, deleitarse.

El austriaco, presto ya a caer por el precipicio en el que se funden los sueños, tomó a don Bartolomé, el practicante, de las piernas y, en soberbia demostración de acoplamientos y empalmes —aunque en apertura trágica y poco académica— metió su cuerno de oro en la cueva hambrienta de don Bartolomé, el practicante, en una unión onírica y celestial de dos cuerpos que hambrientos se desean.

Gemía don Bartolomé, el practicante, como la otra tarde lo hiciera su mujer. Bramaba el austriaco en ropaje arremolinado cada vez que embestía contra la cueva de don Bartolomé. Sudaban ambos, a la par que a don Bartolomé le tintineaba en el pecho el escapulario de Santa Gema que su madre le regalara para la Primera Comunión. Luego, cuando el ladrón de joyas encontró su tesoro al fondo de la cueva, se desplomaron uno encima del otro, en pose decadente de un manierismo tardío. Se destacaba sobre el rojo de los cojines la carnalidad nacarada de los cuerpos exhaustos.

Don Bartolomé, el practicante, con la mirada en sus ojos del gato que se ha comido al canario, miró al austriaco y le dijo:

—No sabía que tu flauta dulce hablara este idioma.

—Mi flauta dulce habla todas las lenguas —le respondió el austriaco—. Tampoco yo sabía que tú amaras como quien nunca ha sido alimentado de por vida.

—Es que uno, a cierta edad —apuntó don Bartolomé, el practicante, esbozando una sonrisa de dicha en su rostro— ama ya por pura miscelánea.

Siempre hay otro camino.
Desde luego que lo hay, si se quiere pagar el precio.
Andando el tiempo, convertido en los restos de un naufragio a merced de todas las tempestades, con la mente acomodada a la ausencia de quien se ama, dejé la ciudad y, como heroína de las fotonovelas de Corín Tellado que no ha

visto cumplidos sus sueños de triunfo, volví al pueblo. El hombre sensible, el hombre incomprendido, o sea, yo, se preguntaba cada noche si había Dios, o, por lo menos, si había un dios que entendía, que me entendía. El dios de la lluvia que otrora lloró sobre México se hizo caquita sobre mi cabeza, en un ocio nostálgico que me recordaba una alegoría sobre la profundidad del tiempo. Más nada.

¿Cuándo partimos hacia la felicidad?

¿Cuándo retornamos de ella?

De pequeño me embelesaba mirándome las manchas blancas de las uñas —luego sabría que la palabra científica es selenosis, pero eso ahora importa bien poco—, porque había oído a la abuela, a mamá, a todas y cada una de las vecinas decir que las manchas blancas de las uñas eran sinónimo de la buena suerte. Ahora las manchas blancas de mis uñas han desaparecido, tal vez porque Nikita la Mariquita y yo abusamos de la laca y de la acetona en aquellas tardes locas de granero y hastío en que queríamos impregnarnos de los amores atormentados que atravesaban a las heroínas de las fotonovelas de Corín Tellado, o, porque, así como el otoño anticipa la llegada del invierno y la primavera la llegada del verano, la desaparición de las manchas blancas de mis uñas no han hecho sino anticiparme tu huida. Porque lo tuyo, por mucho papel de celofán o adornos con que quieras ahora envolverlo, fue una huida.

Pero no es justo.

El otoño llega suave, nunca irrumpe de manera violenta; se cae una hoja del árbol, se levanta el viento, observamos cada tarde que las mejillas de nuestro rostro se sonrojan, que al pasarnos las yemas de los dedos por los pómulos notamos ya el frescor que luego habrá de tornarse hielo en invierno... Nos avisa el otoño, como antaño también nos avisaba el cartero con sus silbidos al fondo de la calle, y nosotros, aun sabiendo que no esperábamos carta de nadie, ay, notábamos cómo el corazón nos daba un vuelco, como si nadáramos en un mar violento cuyas olas se estrellasen contra el atormentado acantilado de Belle-Île.

De la vida, dicen, de las cosas que nos pasan en la vida, siempre hay que hacer dos lecturas.

¿Dónde está el paraíso?

¿En qué cuadra, en qué establo, bajo qué higuera u olivo? El paraíso, mi paraíso, siempre estará donde estés tú, ese paraíso que ahora, esta noche, ay —y tal vez todas las demás noches—, ya deviene en infierno.

Ojalá estuvieras aquí para poner fin a mis miserias.

Si antaño deseé poseerte todo, ahora sólo deseo el calor de tu mirada. Ésa es ahora toda mi materia de goce.

Porque con tu huida, porque fue una huida —nunca me cansaré de repetirlo—, no sólo te fuiste tú. También mi sueño.

¿*Ubi sunt*?

¿Dónde está, qué fue, qué quedó, qué se hizo?, cantaron en el medievo los poetas. ¿Dónde coños te metes tú ahora que no oyes mis lamentos, ni mis quejas, ni mis súplicas?

Porque esta noche mis suspiros se los lleva el viento, como un racimo abigarrado de pensamientos desordenados y rapsódicos.

Cualquiera que esto leyere pensará que no tiene sentido, que he perdido el hilo de la conversación, eso que llaman el hilo narrativo, que he caído preso, ay de mí, en ese manojo de cuerdas llamadas destino, un destino ya, sin otro fin, que el de enredarse incesantemente a mi pasado.

Pasará el tiempo.

Volverán las lluvias y los soles de mayo fertilizarán los campos.

Mañana, posiblemente, vuelva a sentarme junto a la ventana, como hoy, con cigarrillo y taza de café en la mano —que no son musas, sino recuerdos—, y oiré/veré las voces de las vecinas, de esas vecinas descendientes de aquellas vecinas, relatar historias a las que yo pondré puntos y comas y haré mías. Y, mientras tanto, te seguiré buscando, aunque sólo sea en mi pensamiento, porque nadie vive en sí mismo. Sólo vivimos en los demás. Y de los demás, precisamente, los recuerdos.

Pasaron la tarde Luis y Nikita la Mariquita paseando por Barcelona, bajo unas nubes azulencas que los seguían a ellos como a mí de chico. Leía Nikita, como en pergamino antiguo, las indicaciones que Luis le daba sobre la ciudad. El sol ya nunca más brillaría en otra parte.

Caían ahora sus rayos sobre los edificios de la urbe, se destacaba la Casa Milá, el modernismo de Vicens, el ensueño y la imaginación onírica del Parc Güell.

Se perdieron en el azul turquí del Barri Gòtic; aprovecharon la coyuntura y el barlovento de las fachadas de Ciutat Vella para robarse un beso. Luego, satisfecha su sed, al ritmo de reidores saltitos, bajaron por Las Ramblas, saludaron a Colón, pasearon por las Drassanes y el resol de la tarde los animó a trasladarse a Montjüic.

Vertía el sérico astro gotas de sangre sobre la ciudad cuando Luis, desde el Tibidabo, en pose de genuflexión ante Nikita la Mariquita, lo tomó de las manos y le dijo:

—Yo te daré lo que ves a tus pies a cambio de tu amor.

Estaba Sílfide despierta y a Nikita la Mariquita se le ondulaba su negro pelo hacia atrás.

—Yo te daré...

Y, entonando el vals de las flores, Nikita la Mariquita ofreció su aroma para que de ellas aspirase Luis.

—... a cambio de tu amor.

Selene esa noche cerró sus ojos y permitió que Nikita la Mariquita y Luis ejecutaran sobre el techo de la ciudad las danzas húngaras de Brahms.

Retuve tu rostro unos instantes entre los párpados de mis ojos hasta que se lo fueron llevando las olas.

¿Por qué los hombres ebrios de vino juran amistad eterna, se dan la mano y derraman lágrimas?

¿Por qué, cuando enamorados, saboreamos ese paisaje como si lo contempláramos por primera vez, y se descuelgan de nuestras bocas collares de promesas que luego difícilmente cumplimos?

Y yo, desde mi interior, soñando el mar, como lo sueña la caracola marina cuando la arrancamos de sus entrañas.

Hasta que no se distinga un hilo negro de otro blanco, como dice El Corán. Hasta que la ola que baja y la ola que sube formen una sola y única ola. Hasta que el sol, enrojecido de vergüenza, prefiera el invierno ruso o el invierno canadiense para, con su bufanda, ocultar su rostro a los mortales...

Hasta que no camine en pos de ese estado definitivo, invernal, hacia la tranquilizadora y eterna muerte.

Y en ese estado postrero, en ese minuto supremo de la agonía, tal vez me sea dable contemplar toda mi vida en un espejo.

Pero no.

No es así.

Hay cosas que nunca vuelven, posos de una vida que descansan siempre al fondo de la taza. Recuerdos a los que nosotros restamos importancia están de por vida sepultados en las profundidades más obscuras del lago. No recordamos sólo lo que queremos. De igual manera que no nos visitan siempre los amigos más esperados, tampoco todos los recuerdos llaman a la puerta de nuestra memoria para adentrarse en la noche. Por alguna razón inexplicable que no acierto a entender, se me han perdido del bolsillo de los pantalones tantas y tantas cosas que ahora, por mucho remiendo o zurcido que les aplique, me será imposible recuperar.

Incluso el aliento de alguien, o el vaho de la taza de té, o la llamarada de perfumes que desprenden las rosas —y que antaño me permitían recuperar los cuadros de mi pasado como si robase en el interior de un museo— ahora ya no me sugieren nada, como si una maligna Dalila hubiese cortado —qué imposibles cabellos— de mí.

La mujer de don Bartolomé, el practicante, ya se acariciaba su incipiente barriga cuando el austriaco comprendió que había llegado el momento de echar a volar. Estaba don Bartolomé, el practicante, tomando un baño de mosto perfumado de flores suaves para aliviar los padecimientos perlésicos que sufría desde la llegada del austriaco en la puerta de atrás. Había colocado Eos el decorado de una nueva aurora, y en la casa apenas se oía el paso mecánico y cansino de las agujas que ilustran el reloj. Fue entonces cuando el austriaco, taimado y suspicaz como el moro Almanzor, a trompicones con los muebles obscuros de los pasillos azules, intentó alcanzar la puerta de la calle.
Gritó la mujer de don Bartolomé, el practicante, como si hubiera caído al fondo del erebo arrastrada por su secuestro emocional. Saltó don Bartolomé, el practicante, del fondo de la bañera en movimiento *allegro con fuoco* como si hubiera visto en las profundidades del receptáculo húmedo la sombra del Baba Yaga y todos sus temores intuidos tornaran prestos a hacerse realidad. Alcanzó la mujer la puerta y se topó con la muralla obscura del austriaco. Salió al pasillo don Bartolomé y detrás de él el albornoz que sobre su cuerpo se habría de posar. Gritó:
—¡No, no!
Y el austriaco dejó caer al perrillo que siempre le acompañaba y echó a correr calle arriba.
Se esfumaron las últimas estrellas del cielo mientras la mujer de don Bartolomé, el practicante, se acariciaba el regalo

de su vientre hinchado y se golpeaba la frente con el quicio de la puerta. Don Bartolomé, el practicante, como un Peer Gynt lamentoso que, tras celebrar la danza de Anitra, quisiera ahora reunirse en el corazón de Hades por la muerte de Ase, ascendía la calle en pos de un inalcanzable austriaco, sombra de aurora que despierta el deseo.

Ladraba el perrito a medio camino entre la mujer y don Bartolomé. Y el austriaco ya había alcanzado el camión alado que lo conduciría a otras tierras. Movía las manos don Bartolomé como aspas de molino loco que muele grano vacío en desierto de Siria. El austriaco encendió las luces de su camión, y don Bartolomé, sombra de homúnculo sobre la lengua de asfalto, se desvaneció en la negritud del chicle arrastrado por el peso de seda de su albornoz.

El austriaco puso su camión en marcha y embistió hacia la rosa vaporosa que era el cuerpo de don Bartolomé.

—¡No, no! —volvió a gritar.

Y una rueda del camión aplastó su pie.

Don Bartolomé, el practicante, orquestando ya la partitura diaria los músicos de los corrales, se quedó quebrado sobre el asfalto, como si se dispusiera a posar en autorretrato de colores fuertes y abigarrados para el último cuadro de Francis Bacon.

Para acabar recluyéndome, como en los viejos tiempos, en mis fieles e inestimables amigos: la lluvia de una tarde de febrero, el sol de una mañana de domingo, el viento de marzo que mece las plantas y esa sustancia viscosa llamada memoria en la que me encuentro felizmente atrapado.

Quien amó, quien así sintió, no tiene derecho a la queja.

Confío simplemente en que aquel tiempo atmosférico que se repetía secuencialmente como plagas bíblicas en los días ¿mágicos? de mi infancia, regalándonos grandes temporadas

de sequía y grandes temporadas de lluvia, se instale ahora, definitivamente, en torno a mí, y un invierno duro y violento, como duros y violentos son algunos amores, me obligue a guarecerme seguro y alejado de toda humillación dentro de la casa.
Sin invierno, sin amor tenido o por venir, ninguno de estos ¿goces? es posible. Por eso, aunque dolorosa es la herida, dulce fue, sin embargo, la aventura, la escalada, la trepa cabeza abajo que hacíamos en la calle para demostrar a los otros nuestra hombría, como si representásemos en imposible plasticidad «El juramento de los Horacios». Quien ha amado, quien ha mordido el fruto sabroso del paraíso, no debe ahora lamentarse por la pérdida de ese amor, por el agotamiento de tan exquisito fruto. De igual manera que los restos de tan sabrosa delicia permanecen durante un tiempo ocultos en la cueva de nuestra boca, guarecidos en los recovecos de nuestros dientes, siendo rescatados por nuestra lengua sabia, que los descubre, los saborea de nuevo, y luego, también, ya tritura del manjar, desaparecen al fondo del estómago, los recuerdos, los goces de esos amores que con el tiempo se han ido, vuelven más tarde al paladar de nuestro corazón, para ofrecernos, ay, los últimos deleites de cuantos en el tiempo hubieron.
Sí.
Eso es la felicidad, (o al menos la idea que yo siempre tuve de ella).

El maestro, aquel viejo maestro, el hombre solo. El maestro llegó a la escuela puntual como todas las mañanas, perfumado de rosas, olisqueando ramilletes de jazmines y azucenas, ocultando un libro a las espaldas y un misterio en el fondo de sus ojos hasta entonces no observado en él.
El maestro se removió sobre el mullido colchón de su

hospedaje, y se desplomó en el sillón de su escritorio, como si un Atlas cansado hubiera dejado caer el techo del Planeta sobre él, o como si al Adán de la cúpula de la Capilla Sixtina no le llegara el aliento de vida que le insuflara Dios. Luego el maestro, el viejo maestro en sueños, ordenó que sacáramos las témperas y los lápices de colores, los mapas de escayola que guardábamos en el armario y la colección de minerales y rocas y nos pusiéramos a hacer.

El maestro, de un pesimismo quevedesco, cerró sus ojos de almizcle para que el sol de la mañana no lo enloqueciera, mientras nosotros coloreábamos las cumbres de los montes de Toledo, emblanquecíamos la cresta de la Bética y las torres que nunca alcanzaríamos de los lejanos Pirineos. Esa metáfora de vida, ese nuevo y sempiterno hastío, la enseñanza.

Fue entonces cuando la Gorda, que era mala, llamó a la puerta de la escuela pidiendo permiso para entrar.

El maestro, aquel viejo maestro, el hombre solo, se incorporó en el mullido colchón de su hospedaje, se levantó del sillón de su escritorio, y, con los ojos cegados por un miasma de semen que enloqueciera sus sentidos, avanzó unos pasos hacia la puerta de la pensión, creyendo que abría la puerta de la escuela, y gritó a la Gorda, que era mala, descompuesta su mandíbula de antaño bello marfil y esmerado nácar, ¡NO!

La Gorda, que era mala, sonrió al maestro y dio un portazo tras de sí, y se fue calle arriba o calle abajo de la escuela, gritando el nombre del maestro, envolviendo su nombre y el de Paco el Canalla con levadura de hiel.

El maestro, aquel viejo maestro, el hombre solo, se removió de nuevo sobre el mullido colchón de su hospedaje, volvió de nuevo al asiento de su escritorio, y se sacó del bolsillo el perfume de las rosas de su pañuelo, y se secó el sudor de la frente con él.

Lloraba el maestro.

Caían gotas de sangre de sus ojos de vidrio, se ocultaba el sol y unas nubes obscuras se cernían sobre su pecho. Gritó ¡NO! y ¡NO!, y acudió en su ayuda el patrón del hospedaje, cuando el maestro caía al suelo, el maestro, herido de muerte por las espinas de las rosas de su pañuelo. Esa metáfora de vida, ese nuevo y sempiterno hastío, la enseñanza.

—El amor mata lo que hemos sido —fueron las últimas palabras que se escaparon del delirio loco del maestro.

Era una mañana machadiana de lluvia, secas las flores de mayo en el búcaro de arcilla.

Sonó el teléfono.

Yo estaba en la cocina, prosaico en mis quehaceres, preparando el almuerzo para los dos. Sonó el teléfono, ya digo, con un timbre en su voz metálica que hubiese despertado al hijo que nunca tendríamos o a la más hermosa Bella Durmiente que esperaba, como yo, promisorio y eterno beso.

Eras tú, hablando una lengua muerta:

—¿Sí...?

—...

—¿Algún problema?

—...

—De acuerdo. No tardes. Tengo una buena noticia que darte.

—...

—Nicolás ha escrito. Él y Luis van a venir a pasar unos días con nosotros.

—...

—Sólo serán unos días.

—...

—No tardes, cariño, que la comida ya está preparada.

—...

—Hasta luego. Un beso.

Almorcé.

Picoteé los garbanzos como pájaro carpintero que esperase encontrar arcano secreto en el interior de ellos. Tomé café y me ensimismé mirando la pantalla del televisor. Luego la vista se me nubló y cuando volvió la nitidez a mis ojos ya habían encendido las farolas de la calle.

¿Llovía?

¿No llovía?

Llovía, pero sólo en mi corazón.

Se desperezaban sobre la bandeja central un puñado de frutas del bosque. La sopera, sin haber arribado a su destino, había dejado ya de exhalar el humillo que nos anticipa la llegada de un tren. Estaban fríos los cubiertos, como dicen que se enfría el cuerpo cuando ya saluda a la muerte; la barra de pan, oblicua sobre la mesa, mostraba un dorado marchito de bronce que no se bruñe en las tareas del sábado... Y, flotando sobre la naturaleza muerta de aquel bodegón que no habría de ser pintado por nadie, el perfume denso y embaucador que me dejó tu ausencia.

La muerte sin dolor es vida dulce.

La muerte del maestro pensé que sería una ocasión de oro para reunirnos a todos, para rescatar del olvido del tiempo a los olvidados compañeros de escuela, aquellos muchachos cuya sola presencia nos dotaba de vida, pero que se habían casado y engendrado en el pueblo o en pueblos vecinos, y de ellos sólo conservábamos el olor de sus cuerpos desnudos y sudorosos en los servicios después de las clases de gimnasia.

Pensaba yo, con la muerte del maestro, que la Iglesia de Santa Marina de Aguas Santas se llenaría de gente y que en ella no cabría ni un alma, como decían sabiamente las vecinas; que saldrían de la alacena de mi memoria, por fin, los personajes diminutos que por ella pululaban; que vería a Esteban, aquel muchacho delgaducho de ojos achinados que quería ser futbolista y que acabó de encargado en un cortijo a varios kilómetros del pueblo; que podría estar cerca de Carlos Prieto, agitanado como Paco el Canalla pero de unos ojos verdes incrustados en su rostro como piedras preciosas en caja de taracea; que recordaría a Daniel, o Dani, como lo llamábamos Nikita la Mariquita y yo, brutalmente desarrollado a los trece años, cuando comprendimos que desmayarse en sus brazos podía ser una forma muy inteligente de comprender la vida; que volvería a admirar a Javier Recio, el maduro, el adulto, el hombre-niño, el responsable, el que, desde su pupitre marcado con corazones hechos a escondidas por Nikita la Mariquita y yo con la punta del compás, ya se imaginaba dirigiendo un banco o impartiendo clases o conferencias en alguna Universidad, y que luego acabaría dirigiendo la tacita de porcelana Ming en la que se ahogaba la belleza de la hermosa de la Lirio; que me sorprendería de nuevo con Máximo, el poeta, aquel muchacho taciturno del que las vecinas pensaban que era como nosotros, pero que quería ocultar su homosexualidad —luego supimos, para nuestra vergüenza, que simplemente era autista—, que se pasaba las horas observando cómo los rayos del sol se abrazaban a los troncos de los árboles, y nosotros creíamos que buscaba loca y amorosa inspiración; que correría detrás de Pedro de Juan, qué pequeño, siempre pequeño, quien durante un tiempo formó trío con Nikita la Mariquita y conmigo, pero que luego se fue a estudiar a la ciudad y nos visitaba algunos inviernos luciendo una hermosa trenca que era nuestro objeto de deseo —más tarde Pedro de Juan dejaría de acudir, ingresó en un seminario y se hizo cura. Durante años impartió clases en la Universidad Laboral de Córdoba, donde se enamoró de un estudiante hermoso de tez pálida y ojos claros. Las vecinas aseguraban que se habían fugado una noche, que atravesaron campos, que llegaron a otra ciudad: simplemente se los tragó el tiempo...

Pero no fue así.

El maestro fue enterrado en la más estricta intimidad, en el más doloroso de los anonimatos. El maestro ya sabía que había caído en desgracia tiempo atrás, desde aquel lejano día en que sus ojos se desmayaron ante los ojos cautivadores de Paco el Canalla, y luego, lejos de fingir o arroparse con el traje de la hipocresía que teje el pueblo, se dejó ver con él paseando por sus calles, después o antes de amarse en los muros del cementerio viejo, después o antes de que Paco el Canalla lo visitara voluntariamente y se fundiera con él en los pliegues sudorosos del mullido colchón de su hospedaje.

Fueron las pintadas de la Gorda, que era mala, referidas a los amores sin nombre del maestro con Paco el Canalla, las que no gustaron a las mentes clarividentes del pueblo, como si, sabedores todos de que la mierda viaja por las alcantarillas de la ciudad, sólo nos horrorizase saber de su existencia cuando sale a la superficie.

Por eso, al entierro del maestro, acudimos cuatro gatos, como resumieron sabiamente las vecinas. Ni siquiera esa hipocresía de los pueblos para con los entierros fue suficiente para que la multitud se aglomerase a la puerta de la iglesia o en el trayecto que iba de la iglesia al cementerio.

De todos era sabido que el hijo del alcalde había dejado preñada a la Lirio; que don Pedro, el cura, el diablo con sotana, era el padre de Paco el Canalla y que por eso se negó a darle la extremaunción al maestro; que Rafalín se casó presionado por las gentes del pueblo; que el maestro, aquel viejo maestro, el hombre solo, había amado y sido amado por muchos de sus antiguos alumnos; que la Gorda, que era mala, fue asesinada por los maridos a los que había «pajeado» tiempo atrás; que los nuevos tarados del pueblo tenían mucho que ver con Miguelito el Tonto y aquellos lejanos días de loca hipomanía; que Nikita la Mariquita y yo corríamos asustados por las calles del pueblo huyendo de los salvajes que nos tiraban piedras y nos llamaban maricones; que Nikita la Mariquita vivía felizmente en Barcelona, con un hombre; que yo intenté hacer lo mismo contigo en la ciudad, desatendiendo a mi madre, que fracasé; que don Bartolomé, el practicante, arrastraba su cojera desde los tiempos del austriaco, y que el hijo que tenía y que luego se comió la nueva carretera era de él, del austriaco... Todo el mundo lo sabía y nadie quería saberlo. Por eso, ya digo, al entierro del maestro acudimos cuatro gatos.

Don Bartolomé, el practicante, salió de su consulta, arrastrando la pierna, como siempre, sintiendo hondo y profundo dolor, no por el arrastre, sino porque cada vez que se llevaba la mano a la pierna para ayudarla a dar el paso notaba como si la mano gigante del austriaco le fuera a dar un zarpazo para que cayera objeto de burla en la calle, mostrando en la cara esa tiranía del rostro humano que se manifiesta con el hastío del tiempo y la desazón de los proyectos, acurrucándose contra su pecho el perro que el austriaco, intencionadamente o no, le dejó como simple y doloroso recuerdo.

Acudió don Bartolomé, el practicante, al cementerio, adonde ya había llegado la Lirio, con una mirada mística y sensual en sus ojos en la que se agazapaban las claves de una Andalucía arcana, abrazada a Miguelito el Tonto y abrazados los dos a un ente abstracto, del que inhalaban perfumes de ensueños, en una libérrima representación de la nave de los locos.

Pronto el sol de la mañana se ocultó, volvió a salir. Se ocultó de nuevo y las nubes volvieron a salir por todo el cielo. Sobre nuestras cabezas, gachas, mientras leíamos tres sonetos de Petrarca, se descolgaron los colmillos mojados del cielo y nos obligaron a refugiarnos bajo el paraguas imposible del ciprés. Allí y así estábamos los cuatro, en incomprensible cuadro abstracto o figurativo, ejecutando con el tiritar de nuestras piernas la danza mórbida del Tiempo, viendo cómo la lluvia esparcía el perfume de las rosas sobre la tumba del maestro, cómo se desmadejaban los capullos, cómo moría, asesinada por la gota salvaje de lluvia, la más querida de todas las flores.

El solito picón se abrió paso entre las nubes del temporal; escampó, que siempre que ha llovido ha escampado; abandonamos el paraguas cubista del ciprés y nos dimos un paseo, en racimo descorazonado de desdicha, por entre las tumbas bajo las que descansaban algunos de nuestros seres queridos.

Cuando salimos del cementerio viejo miramos hacia uno de sus muros. En aquel lugar donde el maestro había amado a Paco el Canalla no había crecido la malva ni felino alguno se había acercado a descansar. Sin embargo, nosotros ya teníamos metidas en nuestras cabezas la idea de que aquel lugar nos acompañaría para el resto de nuestros días, y, como en espejo de azogue en que en más de una ocasión ahogaríamos nuestras penas, también nos asomaríamos, pasado el tiempo, para aprender a soñar.

Ahora, cuando me masturbo, pienso en ti.

Del mismo modo que para recuperar la lluvia de los días mágicos de mi infancia sólo tengo que tirar de la cisterna de la taza del váter y dejar que su goteo asemeje una agonizante y extinta catarata del Amazonas, así yo cierro los ojos y deslizo la mano por mi vientre hasta que se enreda en la madreselva enloquecida de mi sexo que te reclama. No es la mano helada bañada en aceite que nos aplicara de niños una vecina para curarnos de madre, cuando los misterios de la noche nos estremecían el cuerpo o el hombre del saco tomaba figura en el padre alcohólico o en el vecino cuya sombra se nos agigantaba tras las esquinas; tampoco es la mano cálida de la mamá de los últimos años, que con un misterio ya descifrado en sus ojos trataba de consolar al hijo adulto que se había asido al árbol de la niñez para paliar la carencia de amores iguales. Era una mano loca, torpemente enfermiza, agarrándose al faro eterno como a una cometa de nube esperando que un eructo de viento nos arrancara de aquí: sudo, jadeo, sueño, imagino paraísos artificiales, edenes de estío en los que pronto una nieve blanca cubre sus matorrales negruzcos y ese volcán, antaño fieramente eruptivo, reclama ya, como elefante que se retira, su retazo de paz. Exhausto, fundido en los pliegues licuantes de la sábana, mi cuerpo ya flota como suspendido por una magia que no acierto a descifrar: son tus ojos que me hacen de puente; es tu aliento que como Eolo me eleva; son tus manos, a la par frías y cálidas —manos de curandera y manos de mamá reconfortándome— las que ahora extienden sobre mí el velo invisible del anhelado descanso, que me bajan los párpados como ya lo hicieran las moscas de antaño, para que siga soñando, siempre, por siempre, en ti.

¿A cuántos hombres he amado?
Sólo a ti.
He estado con muchos.
Muchos estuvieron conmigo.
Pero a todos puse la careta de tu rostro.

«Donde habite el olvido,
En los vastos jardines sin aurora;
Donde yo sólo sea
Memoria de una piedra sepultada entre ortigas
Sobre la cual el viento escapa a sus insomnios.
Donde mi nombre deje
Al cuerpo que designa en brazos de los siglos,
Donde el deseo no exista.
En esa gran región donde el amor, ángel terrible,
No esconda como acero
En mi pecho su ala,
Sonriendo lleno de gracia aérea mientras crece el tormento.
Allá donde termine este afán que exige un dueño a imagen suya,
Sometiendo a otra vida su vida,
Sin más horizontes que otros ojos frente a frente.
Donde penas y dichas no sean más que nombres,
Cielo y tierra nativos en torno a un recuerdo;
Donde al fin quede libre sin saberlo yo mismo,
Disuelto en niebla, ausencia,
Ausencia leve como carne de niño.
Allá, allá lejos;
Donde habite el olvido.»

Luis Cernuda
1902-1963

«Toqué entonces el mundo: lo hice mío.
Han pasado los años.

Ahora ya sólo soy
el que recuerda, el que vivió, el que escribe.»

Eloy Sánchez Rosillo,
a quien le debo «La Vida».

Córdoba, Madrid, Lanzarote
1997-1998
en memoria de Nicolás